学級づくりは教育哲学で決まる

鈴木健二
Suzuki Kenji

Philosophy for Classroom Management

日本標準

はじめに

　仕事の質の違いを分けるものは何だろうか。

　それは仕事の哲学である。

　教師にとっての仕事の哲学が教育哲学である。

　教育方法だけ学んでも，それが何のためなのかが明確でなければ，めざす子ども像に迫ることはできない。その場だけの効果は表れるかもしれないが，長続きしない。しかし，教育哲学をもっている教師は，それを反映させるための教育方法を生み出すことができるようになる。

　校長をしていたころ，「ほめほめ週間」を設定していた。次のようなシステムである。

　1　毎月第1週を「ほめほめ週間」として設定する。
　2　「ほめほめ週間」の期間中に，学級全員を1回はほめる。
　3　担任をしていない職員も，見かけたよい点を積極的にほめる。
　4　「ほめほめ週間」であることは子どもには知らせない。

　「子どもも教師も上機嫌な学校をつくる」というのが，学校経営の哲学だった。すべての教育活動を「上機嫌」をベースに展開していた。「ほめほめ週間」もその取り組みの一つである。

　上機嫌な子どもを育てるには，自分に自信をもたせることが大切である。そこで，「ほめほめ週間」を設定したのである。

　当時の校長通信『漫言放語』（教職員対象の通信）に次のように書いている。

　非行に走り，少年院などに送致された少年の多くに共通しているのは，「一度もほめられたことがない」ということだそうである。問題児であるというレッテルを貼り続けられたら，やり直したいという意欲も湧いてこないだろう。

「ほめほめ週間」を実践するだけで，どの子も1年間に10回くらいはほめられることになる。小学校6年間で60回。これは大きいのではないかと思う。
　ほめる時に重要なのは，「本気でほめること」である。表面的なほめ方は，子どもには通用しない。教師自身が心底子どもの言動に感心してほめることが重要である。
　●●小学校から，
　「おれは○○先生にほめられたことが忘れられん」
という子どもが一人でも多く育ってほしいと思っている。

　「ほめほめ週間」では，教師は全員の子どもを「本気で」ほめなければならない。当然，子どもを見る目がきめ細かになる。ほめられた子どもは教師に対する信頼感を高める。それは，保護者からの信頼にもつながっていく。そして学級経営がよい方向に向かえば，教師も上機嫌になる。「上機嫌」の連鎖が起きるのである。

　このような効果が生まれるのは，「上機嫌な子どもを育てたい」という明確な意識があるからである。教育哲学がほめ方の質を高めていくのである。

　大学院で学級経営の授業を担当するようになってから，10年以上経つ。担当したころから，学級経営に悩む多くの教師のための本をまとめたいと思っていた。その思いを真摯に受け止め，形にしてくださったのが，日本標準の郷田栄樹氏である。ここに深く感謝の意を表したい。

　2023年3月

　　　　　　　　　　　　　　　　　　　　　　　　　　鈴木健二

Contents

＊本書で提示した下記の資料は筆者の小学校教員時のものである。
「雑草」(1984年)，「ウオッチング」(1992年)，「授業参観資料」(1993年)，「Active（アクティブ）」(1995年)，「学級懇談資料」(1996年)

第 **1** 章

教師の基本姿勢
―― 教育哲学と
「自分メディア力」

1　教師の基本姿勢——学級経営の土台となるもの

　学級経営力を高めるためには，学級経営の全体像を意識することが重要になる。

　右の図は，学級経営の全体像をシンプルに示したものである。この図からわかるように，学級経営とは総合的な教育活動なのである。

　このようにシンプルにとらえておくことで，学級経営を充実させるヒントが見

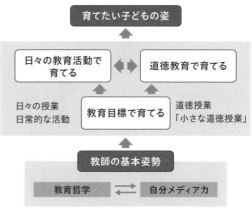

図1-1　学級経営の全体像

えてきたり，悩んだときに立ち返る原点となったりする。

　土台となるのが，教師の基本姿勢であり，次の 2 つを意識することが重要である。

> ① 教育哲学
> ② 自分メディア力

2　教育哲学をもつ

仕事の質を決めるもの

　あるスイーツ店に立ち寄ったとき，一つの掲示物が目に留まった（**写真1-1**）。このような思いで果物の生産者と向き合っている店のスイーツは，確実に質が高くなるはずである。

　見栄えがよいだけのスイーツ
を作って少しでも利益が上がれ
ばよいと考えている店とは一線
を画する。

　このように，仕事の質を決め
るものが，

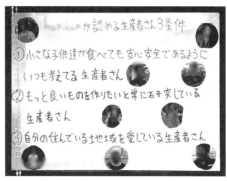

写真1-1　あるスイーツ店の掲示物

> 仕事の哲学

なのである。

　道徳教科書に「私が働く理由」という教材がある（『中学道徳1　きみがいち
ばんひかるとき』光村図書，2020年検定）。

　その教材で取り上げられているのは，次の2人である。

> ① がん患者専門の美容師
> ② 靴磨き店の店主

　がん患者専門の美容師は，次のように言う。

　「美容の力を本当に必要とする人に届けたい」

　「私は，誰ががんになっても困らない社会，患者さんたちが自分らしくき
れいでいられる社会をつくりたい」

　靴磨き店の店主は，次のように言う。

　「靴を磨くことがリフレッシュとなり，靴だけでなく，まるで自分自身も磨
かれているような気持ちになっていただけるのだと思います」

　この2人が語っていることも，「仕事の哲学」である。

　当然，2人の仕事のやり方は，ほかの同業者の仕事のやり方と大きな違い
を生むことだろう。ただきれいにすればいいというのではなく，何のために
きれいにするのかという目的意識が明確だからである。

　このような「仕事の哲学」をもって仕事をすることが，仕事の質を高めて
いくのである。

教育哲学をもつ意味

では，教師にとっての「仕事の哲学」とは何だろうか。それは，

自分の教育活動をとおして
どんな子どもを育てたいのか

を明確にするということである。これが，

教育哲学

である。

図 1-2　教育哲学をもつ意味

諸富祥彦氏は言う（『学校現場で使えるカウンセリング・テクニック上』誠信書房, p. 7）。

> クラスの子どもたちにどんな力を育てたいのかという具体的なイメージがなければ，自分の行う個々の教育実践の目的，すなわち「ねらい」が定まらない。

教育哲学をもたない教師は，個々の教育活動の目標達成だけで終わってしまい，教育活動間の相乗効果が生まれにくい。すべての教育活動が，教育哲学に関連づけて行われてこそ，「育てたい子どもの姿」に迫ることができるのである。

築地久子氏の教育哲学

かつて憧れていた教師の一人に築地久子氏がいる。

右の**図 1-3** のグラフは，築地学級の子どもたちの意識の変容を表したものである。子どもの有能感が劇的に変容していることがわかる。

なぜ築地学級の子どもたちは，このような変容を見せたのだろうか。

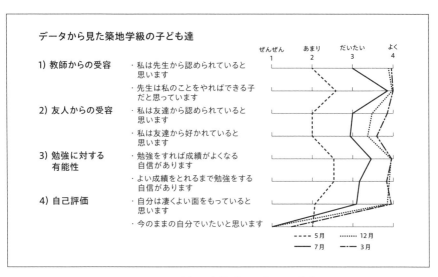

図1-3　子どもの有能感の1年間の変容
出典：『築地久子の授業と学級づくり』明治図書, p.17より作成

　それは，築地久子氏が次のような思いをもって教育していたからである（上掲書, p.14）。

> 私の願いは，どの子も，『自分も結構やれるじゃないか』と思うようになること

　これが築地氏の教育哲学であり，すべての教育活動がここをめざして展開されている。だからこそ，築地学級の子どもは劇的な変容を見せたのである。

育てたい子ども像を明確にする

　自分の教育哲学をもつために大切なことは，

> 育てたい子ども像を明確にする

ということである。
　写真1-2を見てほしい。

11

この学級の担任の学級経営力は高いと言えるだろうか。

気になる点がいくつも見つかる。

> ① 挙手が伸びていない
> ② 姿勢が悪い
> ③ 少数の子どもしか反応していない

写真 1-2　授業中の子どもの姿①

これが 9 月の姿である。

ある小学校の研修会で, この写真を提示して「学級がこのような状態でいいか」と問いかけてみたところ, 次のような反応があった。

> ・ちょっと問題があるのではないか…6 割
> ・こんなものではないか…4 割

この結果に最も驚いたのは, 校長だった。

このような学級の状態をよしとする教師が 4 割もいたからである。

これでよしとするのであれば, 学級経営の充実は望めない。

宇佐美寛氏は,「非教育性」の症状として「必要な強制が欠けていて, 学生は野ばなしにされている」「〈身体〉に配慮がされていない」などを挙げ, 次のように言う(『大学授業の病理　FD批判』東信堂,「はじめに」pp. ii‐iii)。

> 「これは授業かもしれない。しかし, 教育ではない。教育ではない『授業』だから, 授業としての成果も乏しいのだ。」そう言いたい授業が多すぎる。教育思想を欠いた授業なのである。

写真 1-2 のような状態をそのままにしている教師や「こんなものではないか」と判断した 4 割の教師には, 教育思想が欠けているのではないかと思われる。

写真 1-3 を見てほしい。

私が校長をしていたころの初任者の学級の様子である。

写真1-2と比べると大きな違いがあることは一目瞭然である。

授業中にこんな姿が見られる学級にしたいという思いがあれば，初任者でも，このような学級をつくることができるのである。

しかし，育てたい子ども像がぼんやりしていると，学級の現状を判断する基準がない。だから子ど

写真1-3　授業中の子どもの姿②

もが育っていなくても気づかなくなる。育てたい子ども像を明確にもっていれば，学級の現状を的確に把握できるようになり，打つべき手が見えてくる。

教育哲学を高める

講演会などで，教育哲学をもつことの重要性を話すと，次のような質問が出ることがある。

「自分の教育哲学で教育を進めていいのか不安です」

最初からすばらしい教育哲学をもつことなどできるはずがない。しかし，まずは，教育哲学をもとうという意識が大切である。

このような意識をもったら，次のようなステップで教育哲学を高めていくとよい。

---

① 学びたいと思える身近な教師に，教育をするうえで大切にしていることを聞く。
② すぐれた教師の著書から教育哲学を学ぶ。
③ さまざまな分野の仕事をしている人から，仕事の哲学を学ぶ（身近な人，書籍，テレビ番組など）。
④ ①②③をもとに，自分なりの教育哲学を検討する。
⑤ 自分なりに考えた教育哲学をもとに，どのような教育活動をするか構想して実践を積み重ねていく。

【①について】

　身近なところに，この人から学びたいと思える教師がいるはずである。できれば，年齢が近い教師，中堅教師，ベテラン教師（管理職でもよい）など，さまざまな年代の教師から学ぶとよい。

　私が学級通信を書きはじめたのは，初任のとき中堅の先生から製本した分厚い学級通信をもらったことがきっかけだった。そのころは，教育哲学などという意識はまったくなかったが，学級通信に教師の思いを書いて伝えることが，子どもや保護者に大きな影響を与えることを学んだ。このようなささやかな経験からの学びの積み重ねが，自分なりの教育哲学につながっていく。

【②について】

　すぐれた教師の著書には，学ぶべき教育哲学が随所にちりばめてある。

　教育方法だけに意識が向かいがちになるが，それでは教育哲学を学ぶことができない。

なぜそのような子どもが育つのか

という意識をもって読むことによって，その教師の教育哲学がどのように教育方法に反映されているかを学ぶことができるようになる。

【③について】

　さまざまな分野の仕事をしている人から，仕事の哲学を学ぶことは，自分の教育哲学の幅を広げ，質を高めていくことにつながっていく。だから，デザイナー，写真家，建築家，シェフなど，さまざまな分野で一流の仕事をしている人から仕事の哲学を学ぶとよい。たとえば次のような本が参考になる。

- ・『丁寧を武器にする』小山進（祥伝社）
- ・『大量生産品のデザイン論　経済と文化を分けない思考』佐藤卓（PHP新書）
- ・『一流はなぜ「シューズ」にこだわるのか』三村仁司（青春新書）
- ・『虹色のチョーク　働く幸せを実現した町工場の奇跡』小松成美（幻冬舎）

パティシエの小山進氏は，次のように言う（上掲『丁寧を武器にする』p. 3）。

たとえば──
どんなにつらいことがあっても,
自分の思うとおりにならなくても,
失敗をしてしまっても,
そんなときこそ「丁寧」に仕事をしよう。
「丁寧」が武器になるほど,心をこめて,力を注ごう。
大丈夫。僕がそうだった。
「丁寧な力」は,必ず自分を助けてくれる。

　「丁寧」が小山氏の仕事の哲学なのである。

　小山氏の著書から,日常の小さなことを「丁寧」にやることが,仕事の質を高めていくためにいかに重要であるかを学ぶことができる。その学びから,自分は日常の小さなことに「丁寧」に取り組めているのか,という問題意識が生まれる。それが自分自身の教育哲学に影響を与えるのである。

【④⑤について】

　若いころ追いかけていた教師の一人に有田和正氏がいる。

　有田和正氏の教育哲学は〈「追究の鬼」を育てる〉であった。

　有田氏の授業を何度か見にいき,著書のほとんどを読んでいた影響もあって,自分も「追究の鬼」を育てたいという思いが強くなった。

　このように憧れる教師の教育哲学を意識することも,自分の教育哲学を高めていくことにつながる。その教育哲学が反映されるような実践をめざして試行錯誤することが,教育活動に大きな効果をもたらすことを実感できるようになるからである。

　次ページに当時(教師5年目)の学級通信を示す。

　この学級通信から,「追究の鬼」を育てたいという思いをもって取り組んだ実践が,子どもたちの成長につながっていく様子がうかがえる。

　このような学びを積み重ねることによって,自分の教育哲学に対する考えが少しずつ深まっていくのである。

雑草

財　小
4の2
No.98
10月2日

調べる力！

社会科では『火災から
守る』という学習をしています。
これは、消防署や消防団、その他
多くの人々が、火災から人々を守
っていくために、どんな仕事をし
ていくのかを調べていく学習です。

社会科で大切なことは「自分で調べる力をつけること」「社会の
出来事を深く見る眼を育てること」、この2つを
通して、社会を作り上げていく人間を理解することが究極の目的で
す。

自分から進んで調べる力をつけるのは、大変難しいことです。押
しつけて調べさせるのではなく、まともに調べてみたいという意欲を
持たせるようにしなければならないのです。そのために、授業の時
に、意見を対立させて、自分で確かめてみたいという気持ちをおこし
ても持たせるようにしています。

「火災から人々を守る」の学習では、多くの子どもたちが、自分か
ら何度も消防署へ出かけ、調べるようになっています。そのため
消防署の人たちもすっかり顔なじみになっていて、いろいろ
お聞きして、私に報告してくれます。また、長江の人たち、●●
●●さん、●●さん、●●さん、は、防火水槽や防火栓が

地区のどこにあるのかを調べてあげ、それを自分たちで書いた地図に記
入して持って来ました。

教科書だけでは得る知識と、自分の目で見てきたものとは
ん、だいぶ違うのです。全く違うのです。子どもたちは、消防車に行ったり、調べに行ったり、服を着せてもらっ
たり、ホースを引くばかり、様々な体験をしてい
るのです。中には、消防署の人たちの料理を作ってい
るところ、冷蔵庫の中まで見てくるというのが出て来ているようです。

また調べるうちに、次々とわからないことが出て来て、もう1
度調べる、そういうことを繰り返すうちに、調べることの楽しさも
知るようになってきます。そういうことを繰り返したらしめたもので、社会科も
好きになってきます。

● ● ●

こんなふうにも1人でも増やすために、授業の工夫をしていかな
ければならないと考えています。授業が終わって、こんな子どもたち
が動き出す、これが私の目指しているところなのです。

消火栓、防火水槽の調べのこと

地区ごとの消火栓、防火水槽がいくつあるのか調べました。今日が
入って、すぐにでかけてやりました。ぼくは、長江いきました。だいたいは
そのままで、それ以外だいたいというさいてんなんか消火栓がいくつも
ありました。そのう、それ以外、ここって、ちょっと詳かけがあるから、まあう
けい●●ました。それは、リビングストリーターの15メーターくらいの、それ
をこうさてんなら、ついている所は、次々とアストリーター、今日新聞の近くで
すこうさてんで、だいさい。こうさてんでは、ぼくのもう1つは、防火水槽を
れはもっとすごい。こうさてんには、防火水槽や消火栓●●

図1-4　学級通信例「雑草（No.98）」

16

3 「自分メディア力」を高める

「自分メディア力」とは

　教育哲学と深く関連するのが，「自分メディア力」である。

　自分メディア力について，山田ズーニー氏は次のように言う（『あなたの話はなぜ「通じない」のか』ちくま文庫，p. 41）。

> 自己発信したいフィールドで「あの人なら間違いない」と言われるメディア力があれば，自分の言うことは速く，影響力をもって伝わる。

　簡単に言えば，「あの人の言うことなら信頼できる」と思われる力のことである。

　自分メディア力を形づくるものについて山田氏は言う（同書，p. 41）。

> 日ごろの，立ち居ふるまい・ファッション・表情。人への接し方，周囲への貢献度，実績。何をめざし，どう生きているか，それをどう伝えているか？　それら全ての積み重ねが，周囲の人の中にあるあなたの印象を形づくり，評判をつくり，ふたたび，「メディア力」として，あなたに舞いもどってくる。動きやすくするのも，動きにくくするのも，自分次第だ。

　ここで挙げられている要素で自分を振り返ってみよう。

　たとえば，自分の「立ち居ふるまい」や「表情」「人への接し方」は，周りからどう見られているのか，自分ではなかなかわからないだろう。ここに自分メディア力を高めることの難しさがある。

　ある病院に入院していたときの話である。

　リハビリのために廊下を歩いていると，看護師Aがナースカートのパソコンを操作しながらやってきた。パソコンの操作に気を取られていたのだろう。患者が歩いてきてもまったくよける気配がなく，患者の方がよけて歩くという状況になっていた。一方看護師Bは，同じようにパソコンを操作しながら

歩いていたのだが，患者が来るとさりげなくナースカートを廊下の脇によけて患者が歩きやすいように配慮していた。

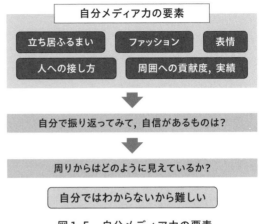

図1-5　自分メディア力の要素

病院では日常的な場面なのだろうと思う。

しかし，このような場面に，何をめざし，どう生きているかが表れる。周りはこんなささやかなところから，どのような看護師かを判断している。

自分が気づかないところで周りから評価されるのが，自分メディア力なのである。

教師にとっての自分メディア力

こうして見てくると，自分メディア力が教師にとって重要な資質であることがわかる。

同じ話をしても，「この先生の言うことなら」と思われる教師と，「この先生の言うことなんて」と思われる教師とでは，教育力に大きな差が出てくるからである。

ある大学院生が，教育実習先で見た体育授業の様子を報告してくれたことがある。

遊具のコースを使って子どもたちがグループ競争をしている場面でのできごとである。コースを間違えて走るのが遅くなった子どもに，同じグループの子どもたちが口々に文句を言っていた。大学院生は，このような学級の雰囲気をつくっているのは，教師なのではないかと感じたらしい。

その教師は，間違えて走る子どもに対して「そうじゃない！」と否定的な言葉で何度も叱責していたという。つまり教師自身がうまくできない子ども

を責めてしまう雰囲気を生み出していたのである。

　大学院生でさえ感じる指導のまずさに気づかない教師に対して，「この先生の言うことなら」と思う子どもは少ないだろう。

　このように，自分メディア力は，自分自身で気づかないところで低下していく。

　だからこそ，自分メディア力を高めようと意識することが大切であり，それが学級経営を充実させる基盤となるのである。

　山田氏は言う（前掲書，p. 40）。

> 自分の聞いてもらいたいことを聞いてもらえるメディアになる。「メディア力を高める」とは，そういう意味だ。少し引いた目で，外から観た自分をとらえ，それを「こう見てほしい」という自分の実像に近づけていくことだ。

　自分の教育哲学を土台にして子どもの成長を促したいと思うのであれば，自分メディア力を高めることが重要なのである。

自分メディア力を高める土台

　山田氏が挙げている要素の中で，自分メディア力を高める土台となるのは，「表情」や「人との接し方」であろう。教師が日常的に見せる「表情」や「人との接し方」から，子どもはその教師がどんな教師かを判断するからである。

　先に挙げた体育の時間の教師の場合，うまくできない子どもに対して，怒った表情を見せ，叱責するという接し方をしている。このような教師と一緒に学んでいきたいと思う子どもはほとんどいないはずである。

　だから，まずは「表情」や「人との接し方」を意識するだけで，自分メディア力は少しずつ高まっていくはずである。

　私の場合，「表情」や「人との接し方」で意識していたのは次のことであった。

子どもの前では常に上機嫌でいること

内田樹氏は言う（『こんな日本でよかったね』文春文庫, p. 153）。

教師の仕事はだから「機嫌良く仕事をすること」に尽くされる。

「尽くされる」とまで言い切っている。それは，

人間は機嫌良く仕事をしているひとのそばにいると，自分も機嫌良く何かをしたくなる。

からである（同書, p. 151）。

上機嫌を意識すれば，子どもの前で不機嫌な表情をすることが少なくなる。それだけで学級の雰囲気は明るくなる。教師の姿に影響されて，子どもたちも生き生きと活動しはじめる。

このような教師であれば，その教育哲学は，子どもたちに確実に浸透していくことだろう。それが子どもの成長につながっていくのである。

第 **2** 章

教育目標で育てる

1 学校の教育目標を生かす

　ほとんどの学校には，校訓やめざす子ども像などの教育目標が設定してある。しかし，学校の教育目標を意識して教育している教師はあまりいないように思われる。現職大学院生に「あなたの学校の教育目標は何ですか」と問いかけても，明確な答えが返ってくることは少ない。

　学校の教育目標を扱った授業のレポートには次のような記述があった。

> 「学校目標は何ですか」この問いに対し，現在の勤務校の目標がまったくわからなかった。自分自身がわかっていないのに子どもたちがわかっていることがあろうか。学級経営をするとき，学校目標を意識していないということではないか。自分自身の情けなさを感じた。これではいけないと思うので，来年度の学級では学校目標を意識した学級経営を行うようにしたい。そして，学校目標をまずは教師が姿で示すようにしていきたい。

　このことからも，学校の教育目標が教師自身に意識されていないことがうかがえる。

　学校の教育目標を各学級に掲示しているところもあるが，教師自身が意識していなければ，子どもたちが意識するはずがない。

　学校の教育目標があるのであれば，各学級では，それを意識した学級目標を設定して学級経営を推進していくのが「チーム学校」の基本である。「チーム学校」という言葉を聞くようになって久しいが，学校の教育目標を教師も子どもも意識していないとすれば，「チーム学校」の実現など絵に描いた餅であろう。

　右の写真は，ある小学校の掲示物である。めざす子ども像をわかりやすい言葉で表現したものだろう。

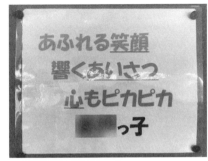

写真 2-1　めざす子ども像の掲示

しかし，掲示しただけでは意味がない。ただの飾りにしないためには，

> 学校の教育目標を教材にして授業する

ことが大切である。

　子どもの思考をくぐらせることによって，目標が意識化されやすくなるからである。

2　学校の教育目標で授業する

　教育目標の多くは，抽象的に表現されている。それを教材化するには，どうしたらいいのだろうか。ポイントは，

> 批判的思考で考える

ということである。簡単に言うと，教育目標に対する疑問を数多く考えてみるということである。

　先に示した掲示物で考えると，「あふれる笑顔」だけでも次のような疑問が浮かぶ。

　・笑顔は「あふれる」ものなのか。

　・「あふれる笑顔」とはどのような笑顔なのか。

　・どんなときに「あふれる笑顔」になるのか。

　・自分（教師・子ども）の笑顔は「あふれる笑顔」なのか。

　・笑顔が「あふれる」学級にするにはどうしたらいいのか。

　これらの疑問をもとに発問を工夫すれば，学校の教育目標で授業をつくることが可能となる。

　このような授業に全学級で取り組めば，教師の意識も子どもの意識も大きく変わる。学校の教育目標が学校全体に浸透していくのである。学校の教育

目標を教材にして授業を行い，それを土台に学年目標，学級目標を考えさせていくことが，「チーム学校」の第一歩となる。

③ 学級びらき──子ども・保護者との出会いの日

よりよい学級経営のスタートは，学級びらきから始まる。学級びらきとは，教師と子どもが出会う最初の日である。子どもたちは，「今年はどんな先生だろう？」と期待と不安の入り交じった思いで登校してくる。

そして，学級びらきは，保護者との出会いの日でもある。

学校教育にあまり関心のない保護者も新年度のスタートの日だけは，わが子の担任が気になる。だから子どもが帰ってきたら必ず「今年はどんな先生？」と聞く。

図 2-1　学級びらきとは

このとき，子どもからどんな言葉で担任のことが保護者に伝わるかによって，学級経営が大きく左右される。だからこそ，

> 学級びらきで，子どもたちに学級担任に対するどのような印象をもたせたいか

を明確に意識したい。

④ 学級びらきで出会いを演出する──信頼感，安心感，期待感

学級担任をしていたとき，始業式翌日に，「先生の印象は？」という作文

を書かせていた。自分の思いがどのように子どもたちに受け止められたかを知るためである。次に紹介するのは，4 年生を担任したときの子どもの作文である。

> Aさん　「最初は，こわそうだなーと思ったけれど，なってみれば，とってもやさしかった。それにふざけたりもするので，おもしろい。でも，どじなところもある。でもそんなところがわたしは先生のいいところなんじゃないかなーと思います。なんか，今年 1 年，こんな楽しい先生と一緒なんて，にぎやかなクラスになりそう！」

> Bさん　「私は，3 年のころは，いじめられていました。だけど，<u>鈴木先生のクラスになって 1 回もいじめられなくなりました</u>。わたしは，1 年間楽しくなるなと思います。よろしくお願いします。」(筆者注：Bさんは学級びらきの日に下線のように感じたというのです。何か確信するものがあったのでしょう)

> Cさん　「授業がおもしろいです。わけは，自分の考えを生かすことができるからです。自分の考えなど，いろいろ言えて，おもしろくて楽しいからです。男の先生でも，こんなにおもしろい先生は，初めてです。」

「学級びらきで，どのような印象をもたせたいか」という意識を明確にもっているからこそ，多くの子どもたちがこのような作文を書くのである。

　この 3 つの作文からキーワードを拾ってみよう。

　Aさん…やさしい，おもしろい，どじ

　Bさん…いじめられない，楽しくなる

　Cさん…授業がおもしろい，自分の考えを生かす

　ここから，学級経営を充実させるための重要な視点が見えてくる。それは，次の 3 点である。

> ① 教師に対する信頼感
> ② 学級に対する安心感
> ③ 授業に対する期待感

教師の自己紹介	子どもが興味をもちそうなエピソード（趣味・特技・失敗談など）や信条などを伝える
出会いのメッセージ	子どもが、「こんな学級になるといいな」と共感してくれそうなメッセージを伝える（短時間の授業にすると効果的）
学級通信の配付	保護者や子どもが「なるほど」と思えるような具体例を挙げて教育哲学を伝える

学級びらきに盛り込みたい内容は？

教育哲学が土台になる

図2-2　学級びらきに盛り込みたい内容

　学級びらきでどのようなアプローチをすれば，子どもたちの「信頼感」「安心感」「期待感」を高めることができるのだろうか。

　学校によっては学級びらきに使える時間が短い場合もあるが，少なくとも**図2-2**で示した3つの内容を盛り込みたい。

5　出会いのメッセージで勝負する

　3つの中で最も重要なのが，学級びらきにおける出会いのメッセージである。

　ここで初めて子どもたちは，教師の教育哲学に触れる。そこで伝えたメッセージは，そのあとの学級経営に大きく影響する。そこで意識したいのが，

> 出会いのメッセージは，
> 最初の授業である

ということである。

出会いのメッセージに込めたい思いは？

学級経営の核となるもの

どんな子どもに育ってほしいか

「小さな道徳授業」の活用

図2-3　出会いのメッセージ

　一方的な伝達型メッセージではなく，授業を行うことが大切である。子どもに思考を促すことが，メッセージの浸透につながるからである。

　学級びらきの日は 5〜10 分くらいの短時間しかとれない場合もあるが，

「今度の先生はこんな人なんだ」

「この先生になってよかったな」

「自分も少し変われそうな気がする」

という思いがわいてくる出会いのメッセージにしたい。

　子どもの心に響く出会いのメッセージをつくるポイントは，次の 3 点である。

---

① 教師の人柄を感じさせる (信頼感)
② よりよく成長していきたいという意識を高める (安心感)
③ 教師の教育観に気づかせる (期待感)

授業プラン「カッコよく生きてみないか!」

授業の流れ	展開のポイント
① 題名から問題意識を高める 　「先生は本を読むのが大好きです。この前，本屋さんでこんな題名の本を発見しました」と言って，次の言葉を提示する。 **カッコよく生きてみないか!** 　音読させたあと，発問する。	・今度の先生は，読書が好きなんだなという印象を与える。 ・おもしろそうな本を紹介してくれる先生だなという印象を与える。
発問 1　カッコよく生きる方法があると思いますか。	・音読の声が小さい場合には，「張りのある声を出してみよう」と言ってもう一度音読させる。声の張りがよくなったら，「1 回でこんなにいい声が出せるようになるなんてさすがですね」と伸びをほめる。
あると思えば〇，ないと思えば×を選ばせ理由を書かせる。 　少数派から考えを発表させ，それぞれの考えを共感的に受け止める。	

② カッコイイの意味を話し合う

　本の表紙を提示して興味を高めたあと，「この本の帯にはこんな言葉が書いてありました」と言って，スポーツ選手の名前を変えて次の文章を提示する。

> 大谷選手や八村選手ってカッコイイ！
> でも，カッコイイのは顔や姿だけじゃない。じゃあ，「カッコイイ」って，どういうこと？
> だれでもヒーローになれる！
> ※原文では，イチロー選手，ゴン中山選手であるが，ここでは，今の時代に合わせて変えている。

> 発問2 この本を書いた齋藤孝さんは，どんな生き方がカッコイイと言っているのでしょうか。

　思いついた子どもに何人か発表させる。
　それぞれの考えのよさを意味づけていく。

③ 齋藤氏の考えを検討する

　「齋藤さんはこんなことを言っています」と言って，次の3つを提示する。

> ・友達のために行動する「勇気」がある
> ・ほかの人より先に行動できる
> ・素直に人をほめることができる

　音読させたあと，発問する。

> 発問3 カッコイイと思いますか。

　ほとんどの子どもは，カッコイイと考えるだろう。そこでカッコイイと考えた理由を発表させる。

④ 学びを学級に生かす

　「カッコよく生きる」の意味を共有し

・机間指導をしながら，書けている子どもに「いい考えだね」「なるほど」などと声をかけていく。

・どの意見も共感的に受け止めることによって「今度の先生は，自分たちの考えを大切にしてくれるんだな」という印象を与える。

・ここでは，カッコイイの新たなとらえ方やユニークな考えが出される可能性が高い。それぞれの考えのよさを意味づけていくことによって，友達の考えから学ぶよさに気づかせていく。

『カッコよく生きてみないか！』
齋藤孝著（PHP研究所）

・齋藤氏の考え方を検討し，「カッコよく生きる」ことに対する考え方を広げる。

たところで，発問する。

> 発問4 この学級で「カッコよく」生きる
> 　　　3か条を決めるとしたら，どん
> 　　　な3か条にしますか。

　学級で大切にしたい「カッコよさ」について一人ひとりに考えさせたあと，グループで交流させて，全体に紹介したい「カッコよさ」を決めさせて発表させる。

　グループから出された「カッコよさ」をもとに，学級で大切にしたい「カッコよさ」を話し合わせて3つに絞り込む。

　最後に授業から学んだことを書かせて授業を終える。

・教材からの学びをどうしたら学級に生かすことができるかを話し合い，いい学級にしていきたいという思いを高める。

・出された考えをできるだけ生かしたいのであれば，次のような掲示物にしてもよい。

6　最初の学級通信で惹きつける

　最初の学級通信も大切にしたい武器の一つである。日ごろ学校からの文書にあまり目を通さない保護者も，最初の学級通信には目を通す可能性が高い。そこで，

> 教師の教育哲学をわかりやすく伝える

ということが大切になってくる。

　教育哲学に共感してもらえれば，学級経営を進めていくうえで大きな力となるからである。

　次ページに示したのは，ある年の最初の学級通信である。

　この通信から次のようなポイントが見えてくる。

出会い

※学級通信は50号になったら製本するので、保管しておいてください。

「一会一生」

　これは私の好きな言葉です。「いちえいっしょう」と読みます。一回の出会いは決してその場限りではなく、一生涯にわたって縁が続くという意味です。4年2組33名の子どもたちと私の出会いも、そういうものにしていきたいと考えています。

　朝日新聞の天声人語（1992年4月1日付）に次のような記事がありました。

> 　米国に住んでいた時の経験だ。小学生の子供が、先生からの手紙を持って来た。
> 　「まもなく新学期。お子さんに楽器を習わせたいか。習わせるとしたら何の楽器か」
> という趣旨で、4年生からは放課後に専門の教師が来て楽器を教えると書いてある。正規の授業には「音楽」の科目がないのだ。
> 　子供と相談した。言下に「もちろん習う。トランペット」。返書を持たせると、3日ほどして「適性と認める」との通知と細かい指示が来た。子供に聞くと、専門家が学校に来て歯並びや指の機能など、希望の楽器への適性を調べたという。
> 　指示に従い、指定された日時に、親子で町の楽器店に行った。大きなガラス戸を押して入る。子供が歓声を上げる。友達が大勢来ているのだ。組同士もあいさつ。店内は熱気にあふれている。店員が注文を聞き、てきぱきと仕事を片づける。
> 　希望の楽器、それも新品を、格安に賃貸しする。真新しいトランペット、フルート、バイオリン、チェロなどを抱えて、上気した顔の親子連れが散ってゆく・・・。新学期らしい清新な風景だった。一年の終わりに、オーケストラを編成し、演奏会を開いたのには驚いた。この実際的な学び方よ。　・・・〔略〕・・・
> 　何月からであれ、新学期は、決意と希望の高まりのときだ。よし、今年はこれに挑戦するぞ、と心に期する。楽器店に集まった面々の、高揚した表情が忘れがたい。

　これを読んだ時にすばらしいと思ったのは、一人一人がやりたい楽器を選び、一年の終わりにオーケストラを編成して演奏会をするということです。
　学級づくりもこれと同じことが言えます。一人一人が自分の個性を伸ばし、それが学級として一つにまとまった時、大きな力を発揮するのです。そんな学級が創れたら素敵です。この1年間、よろしくお願い致します。

図2-4　学級通信例「ウオッチング（No.1）」

出典：朝日新聞「天声人語」1992年4月1日付

① 保護者を惹きつける書き出し

「一会一生」という聞き慣れない言葉で始まっている。これだけで，どういう意味だろうという関心をもってもらえる。

② 教育哲学に共感してもらうための効果的な引用

アメリカの話であるが，子どもたちが自分がやりたい楽器を選び，1年の終わりにオーケストラを編成して演奏会を開くという素敵なエピソードである。このような具体的で魅力のあるエピソードを効果的に引用することによって，最後に示す教育哲学に共感してもらえるようになる。

③ 教育哲学の明示

引用したエピソードをもとに，「一人一人が自分の個性を伸ばし，それが学級として一つにまとまった時，大きな力を発揮する」ような学級をめざしたいという教育哲学を明確に伝えている。こうすることによって，教育哲学を強く印象づけることができる。

このような学級通信を工夫することにより，保護者は「これまでの先生とちがうぞ！」という印象をもつ。学級担任に興味をもった保護者は，子どもに「どんな先生なの？」という質問をする。ここで学級びらきで子どもたちに与えた印象が，子どもの言葉で伝わり，信頼感はさらに高まることになる。

7　学級目標を設定する意義

多くの学級で学級目標が設定されている。しかし「学級目標を設定する意義は何か」ということが意識されていなければ，ただの飾りになってしまう。学級目標を設定する意義は，

> 学級としての一体感を生み出す

ためにある。

学級としての一体感とは，子どもと教師と保護者の一体感である。学級目

標は，子どもにとっては，生きる指針となるものであり，成長を実感する基準となるものである。教師と保護者にとっては，育てる方向性を共有することによって，子どもの育ちの状況と課題を把握し，今後の教育の充実につながる視点を得ることになる。見落としがちなのが，

> 学級目標が保護者に伝わっているか

ということである。

学級目標は多くの場合，教師と子どもで共有されるだけである。しかし，教育は学校だけでできるものではない。家庭と連携してこそ，効果が表れる。その土台となるのが，学級目標を保護者と共有するということなのである。

図 2-5　学級目標を設定する意義

8　学級目標が生きる 3 つの視点

学級目標を掲げても，ただのスローガンに終わっている学級が多い。スローガンにしないために意識したいのが次の 3 つの視点である。

> ① 目標の意識化
> ② 目標の具体化
> ③ 目標の達成感

まず大切にしたいのが，「目標の意識化」である。目標があっても意識し

ていなければ，何も変わら
ない。意識を持続させるた
めの方法の一つが，

目標の達成感	個人や学級集団で達成できた ことや課題を明確にする

↑

目標の具体化	具体的な言動をイメージし 実行する

↑

目標の意識化	学級目標をめざす意味を 共有する

> 学級通信のタイトルと
> 学級目標を連動させる

ということである。

図2-6　3つの視点

　6年生を担任したとき，
「Active」という学級目標を設定したことがある。このときの学級通信のタイトルを「Active」にした。学級目標が学級通信のタイトルになることで，学級通信を見るたびに，子ども・教師・保護者が学級目標を意識することになる。

　教師にとっては，学級目標を意識した教育活動を生み出したいという思いにつながる。このような思いが，学級目標がめざす子どもの具体的な姿を伝えようとすることにつながっていく。

図2-7　学級通信名と学級目標の連動

9　学級目標の達成感

　学級目標を設定したからには，子どもたちに達成感を味わわせることが重要になってくる。学級目標をめざしていろいろなことに挑戦してきたからこそ，自分は成長したのだということを実感させることが，次の成長につながっていくからである。

　達成感を味わわせるためには定期的に学級目標を振り返らせることも大切

である。

　参考になるのが，園田雅春氏の次の実践である（『シリーズ・ドラマのある教室5 園田雅春流学級リフレッシュ術』明治図書，p. 90)。

> 各学期の最後に「(引用者注：設定した学級目標の) どれをはがすか，どれを残すか」という学級会をもって，車ではないが三か月点検みたいなことをやれば，きっと色んな意見がとび交って学級の成長や課題がみんなに共有されることだろう。

この実践から学べることは，次の3点である。

① 学級目標は，固定化されたものではない
② 学級目標は，学級の実態に応じて，変化・発展していくもの
③ 達成状況を，子どもに話し合わせることで，より強く意識されるもの

学級目標に対する教師の柔軟な発想が重要なのである。

第 **3** 章

日常的な
教育活動で育てる

1　朝の会・帰りの会で育てる

朝の会・帰りの会を機能させる

ある大学院生が，帰りの会について次のような報告をしてくれた。

> ある学級の帰りの会で，「今日のMVP」という発表をしているんです。
> 消しゴムを拾ってくれたとか，帽子を持ってきてくれたとか，毎日，似たような発表ばかりなんです。こんな発表をくり返しても，意味がないと思うんですが。

学生から嘆かれるような帰りの会になってしまうのはなぜだろうか。原因は3つある。

> ① 帰りの会を，子どもにとって意味のあるものにしようとする意識が弱い
> ② 子どもを育てようとする意識がない
> ③ 形式化していることに気づかない

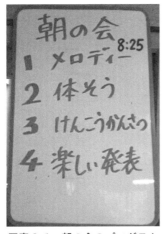

写真 3-1　朝の会のプログラム

朝の会でも同様の実態が見られる。このような朝の会や帰りの会を改善するにはどうしたらいいのだろうか。

左に示したのは，あるベテラン教師の朝の会のプログラムである。ここから見えるのは，

進化・深化するプログラム

である。

多くの学級では，固定された朝の会のプログラムが画用紙などに書かれて掲示されてい

36

る。固定されるとなかなかプログラムが変えられなくなる。1年間同じプログラムという学級もある。

　そうなると，大学院生が言っていた「今日のMVP」というプログラムが内容がパターン化してつまらないものになっても，そのまま継続されてしまう。

　しかし，ホワイトボードに書かれたプログラムであれば，学級の状況に応じて臨機応変に変えていくことができる。進化や深化につながる朝の会になるのである。ホワイトボードに書くという発想から，教師の教育哲学を見て取ることができる。

朝の会・帰りの会の役割

　朝の会や帰りの会の役割は何だろうか。こうあらねばならないという正解はないが，短時間でも毎日積み重ねることで，子どもの成長に大きな意味をもつ時間となる。ここでも根底にあるのは，「どんな学級をつくりたいのか」「どんな子どもを育てたいのか」という教育哲学である。教育哲学が明確になっていれば，朝の会や帰りの会をどう活用すればよいかが見えてくる。

　野口芳宏氏は，朝の会・帰りの会の年間計画を立てている（『開かれた学級経営の展開』明治図書）。4月の計画は下のようになっている（野口氏の計画表をもとに筆者が再構成したもの）。

月ごとの主題	今月の学級づくり	学級行事の創造	朝の会の運営	帰りの会の運営	備考
新しい出会い、楽しい出発	不安や心配を除き、保護者にも子どもにも楽しい出発をさせたい。	学級絵本文庫の開設と貸し出し	輪番による自己紹介	よい目、よい耳、よい心	4月は希望と不安との交錯の中に始まる。これらの緊張をゆるめ、楽しく気楽な雰囲気の中でスタートさせてやりたい。

図3-1　朝の会・帰りの会の4月の計画

ここから野口氏の教育哲学の一端がうかがえる。野口氏が，４月の朝の会・帰りの会を学級経営にどのように位置づけているかが明確に示されている。このように，

> **年間を見通して，朝の会・帰りの会の戦略をたてる**

ことが，子どもの成長につながっていく。

朝の会を構成する

　右に示したのは，ある年の朝の会のプログラムである。

　当時勤務していた学校では，始業後に登校状況を確認したあと，職員朝会，そのあと学級に戻って朝の会という時間設定だった。そこで考えたのがこのプログラムである。ここからも教育哲学が見えてくる。

　多くの学級では，職員朝会の時間を朝自習にしてドリルなどをやらせていた。しかし，私の場合は，職員

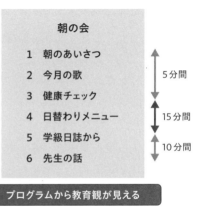

図 3-2　鈴木学級の朝の会

朝会の時間も含めて朝の会として，「日替わりメニュー」を設定していた。「日替わりメニュー」とは，

> **子どもたちが楽しみながら力を伸ばすことを目的にした活動**

である。学級の状況に応じてさまざまな活動を設定してきた（図3-3）。

　たとえば，クロッキーは，最初は，親指や目など，身体の部分を描かせ，段階的にいろいろなポーズを描かせるなど１年間を見通して計画的・発展的に取り組むようにしていた。画材も４B鉛筆，コンテ，割り箸ペンと変えて

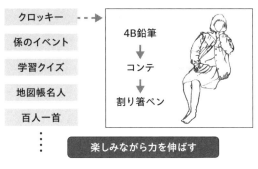

クロッキー - - - ▶

係のイベント

学習クイズ

地図帳名人

百人一首

⋮

4B鉛筆
↓
コンテ
↓
割り箸ペン

楽しみながら力を伸ばす

図 3-3　日替わりメニューの例

いき，子どもたちが飽きることなく楽しく描ける工夫をしていた。対象をとらえる目が鋭くなったり，集中力が高まったりする効果をねらったメニューである。

「日替わりメニュー」というプログラム名からわかるように，毎日メニューが変わるので，子どもたちも新鮮な気持ちで取り組むことができる。内容も子どもたちと相談しながら，成長につながるメニューを工夫していた。

「どんな子どもに育てたいか」という教育哲学を明確にもつことにより，朝の会のプログラムも充実したものになっていくのである。

語りで子どもを育てる

大村はま氏は，「心の中に，百のお話を」と言っている（『灯し続けることば』小学館, p. 110）。次のような意味である。

教師というものは，とくに国語の教師は，自分の胸にたくさんのお話をもっていることが条件だと思います。

現職教員も受講している大学院の授業で「あなたはいくつのお話をもっていますか」と問いかけることがある。ほとんどの学生は，自信なさげに首をかしげる。「心の中に，百のお話を」という意識がなければ，心に響く話は蓄積されないのである。

朝の会に「先生の話」を位置づけている学級は多いだろう。しかし，連絡

事項や注意事項で終わっている場合も多い。これでは，せっかくの「先生の話」の時間がもったいない。

「先生の話」で子どもを育てる

という意識があれば，話の内容が大きく変わってくるはずである。話の素材を発見しようという意識も芽生えてくる。日常的なものごとを見る目も鍛えられていく。だから，大学院の授業では，「とっておきの話」（2分間）を設定して学生に発表させてきた。目的は，次の3点である。

---

① 子どもにとって魅力のある話を創る力をつける
② 子どもの心に届く語りかけ方を学ぶ
③ 「とっておきの話集」をつくり，それぞれの財産にする

多くの学級で「先生の話」が位置づけられていても，どのような話がされているか知る機会はほとんどない。学校全体で「先生の話」で子どもを育てようという認識を共有して取り組めば，学級経営ばかりでなく学校経営の充実にも大きな効果をもたらすだろう。

大学院の授業でモデルとして話した「とっておきの話」を紹介してみよう。

授業プラン「感謝の気持ちを伝えてくれた運転手」

話の流れ	展開のポイント
①「通勤途中でちょっとうれしいことがありました」	・話の冒頭でこのように語ることによって，子どもたちの興味関心を高める。
②「渋滞中の道路で，対向車線にいた軽トラックが右折しようとしていました」（軽トラックのイラストを提示する＝42ページの図3-4のスライド①）	・準備できるようであれば簡単なスライドを活用するとより印象に残る話になる。
③「そこで，車を止めて軽トラックを右	・話を少しずつ進めていくことに

折させてあげました。その直後ちょっとうれしいことがあったのです」（大型トラックのイラストを提示する＝スライド②）

④「ちょっとうれしいこととは何だと思いますか？」

⑤しばらく間をおいて，運転手が手を挙げているイラストを追加する（スライド③）。

⑥子どもたちに思いついたことを発表させる。

⑦「軽トラックを右折させてあげただけなのに，その後ろにいた大型トラックの運転手さんにも感謝されたのです（スライド④）。こんなことは初めてだったので，驚くと同時にちょっとうれしくなりました」

⑧「なぜうれしくなったのでしょうか」

⑨子どもたちの考えを発表させる。

⑩「朝から何かプレゼントをもらったような気持ちになりました」

・よって「ちょっとうれしいこと」に対する興味関心をさらに高めていく。

・問いかけることによって，大型トラックをヒントにあれこれ考える。
・運転手が手を挙げているイラストによって，多くの子どもたちが気づき始めるだろう。このように子どもたちの気づきを引き出すことがより印象に残る話となる。
・ここで「ちょっとうれしいこと」が明確にわかり，「なるほど」という納得感が生まれる。

・「ちょっとうれしい」理由をより深く共有させるために「なぜうれしくなったのか」を問いかける。
・最後にプレゼントという言葉で締めくくり，余韻を残す。

　このようなささやかな話でいいのである。

　教師のちょっとした感動を伝えることが，子どもたちの心の成長につながっていく。

　「先生の話」も，教師の教育哲学の表れなのである。

スライド①   4月7日

対向車の軽トラックが右折しようとしていた。
車を止めて右折できるようにした。
軽トラックが右折した直後
ちょっとうれしいことがあった。

スライド②

ちょっとうれしいこととは？

スライド③

ちょっとうれしいこととは？

スライド④

ちょっとうれしいこととは？

後続の大型トラックの運転手も
こちらに手を挙げて感謝の気持ちを伝えてくれた。

図 3-4 「感謝の気持ちを伝えてくれた運転手」のスライド

学級の歩みを残す

　先に示した朝の会に「学級日誌から」というプログラムがある。前日の日直が学級日誌の中からいくつか紹介するという内容である。学級日誌は自分で作成したものを使っていた（右ページに示したのは中学年用）。学級日誌の項目から，次のような教育哲学が見えてくる。

---

① 学ぶおもしろさを発見させたい（おもしろかったこと）
② 学級での一日一日の出来事を大切にしたいという意識を育てたい（学級の歴史）
③ 友達の行動のよさに気づき，意味づけることができる子どもを育てたい（今日のMVP）

「おもしろかったこと」はその日の授業の中からおもしろかったことを書くコーナーである。

学ぶことのおもしろさを発見させるためには，おもしろいと思ってもらえる授業をしなければならないというプレッシャーが教師にかかる。学級日誌が，子どもと教師の授業に対する意識を高めるのである。

「学級の歴史」は，その日の中から，学級の歴史として残しておきたいことを書くコーナーである。学級はささやかな出来事の積み重ねでできあがっていく。そのささやかな出来事の意味を子どもたちなりに発見させたいという思いから設定している。

「今日のMVP」は，日直が選んだ友達の名前を書くコーナーである。理由を書く部分が大切で，なぜその子が選ばれたのかをしっかり考えて書かなければならなくなる。

朝の会では，この3つを日直が発表する。

教師は，「先生の話」の冒頭で学級日誌について簡単なコメントをする。

日直の1日のとらえ方のよかったところを学級全体で共有することによって，1日の過ごし方が意欲的になっていくのである。

図3-5　学級日誌（中学年用）

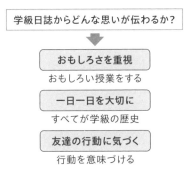

図3-6　学級日誌を朝の会に位置づけた意味

2 教室環境で育てる

教室環境に表れる教師の意識

次の2枚の写真を見比べてみよう。どちらも学年当初の教室の背面の様子である（貼られているのは、子どもたちの自己紹介カード）。どんなことに気づくだろうか。

写真 3-2　2つの教室の背面

Ⓐのほうはすっきりしているが、Ⓑのほうは、下段に貼られた自己紹介カードが荷物に隠れて見えなくなっている。収納スペースなど、その教室の事情もあるだろうが、子どもたちが一生懸命書いたであろう自己紹介カードが、頻繁にこのような状況になるとしたら、一人ひとりを大切にしているとは言えないのではないだろうか。

> 教室環境には、無意識のうちに子どもに対する教師の意識が表れてしまう

のである。

かくれたカリキュラムがマイナスに作用する

教室にはさまざまな標語の掲示物も貼られている。よく目にするのが、教

室前面に貼られた「話し方・聞き方」の掲示物である。

　たとえば,「相手の目を見て話を聞きましょう」という標語が貼ってあるのに, 授業を見るとそのような聞き方をしている子どもはほんのわずかだったりする。このような状況が続くと子どもたちは, 次のようなことを学ぶ。

　　・先生も本気でこんな聞き方をさせようと思っているわけではない。
　　・標語の言葉はただの飾りだから無視しても問題ない。

写真 3-3　「聞き方」の掲示

　教師は, 標語を掲示することによって, 無意識のうちにこのようなことを教え続けているのである。これがかくれたカリキュラムである。無意識だから, 掲示物が子どもたちにマイナスに作用しているのに気づかない。これが1年間続くのである。

　右の写真は, 小学1年生の教室に掲示してあった「えんぴつのもちかた」である。

　1年生ということもあって, 教師も「えんぴつのもちかた」を何度も指導しているはずである。もう1枚の写真は, この学級の教師の「えんぴつのもちかた」である。手本の写真と比べると, きちんとした持ち方になっていない。しかし, 正しい持

写真 3-4　えんぴつの持ち方 (掲示)

写真 3-5　えんぴつの持ち方 (実際)

ち方として手本を掲示してまで指導している教師が正しく持つことができていなかったとしたらどうだろうか。

　先生も正しく持っていないのだから，自分たちも正しく持たなくてもよいと思う子どもが出てくるかもしれない。ここでもかくれたカリキュラムがマイナスに作用する可能性がある。

> **教師自身も教室環境の一つである**

という意識をもちたい。

掲示物は期間限定

　校長をしていたころ，４月当初に学校を見回っていて，ある教室の掲示物が目に留まった。学級の子どもたちと教師の名前を書いた掲示物である。

　４年生であるにもかかわらず，大きな模造紙に丁寧な手書きの文字で書かれた名前（読み仮名も書かれている）。「なかまたち」「進級おめでとう」に込められた教師の思い。色紙で作られた桜やイラスト，吹き出し。この１枚から，子どもたちに対する思いが伝わってきた。

　「すばらしい掲示物ですね」と思わず声をかけた。

　ところが，それから１週間後，驚くべき光景を目にした。４年１組の前を通りかかると，この掲示物をはずそうとしていたのである。

　「もうはずすのですか」
と問いかけると次のような答えが返ってきた。

　「役目を終えたからです」

写真 3-6 「期間限定」の掲示物

　子どもたち同士がお互いの名前を覚え，掲示しておく必要がなくなったため，はずすことにしたのである。作るのにけっこうな時間がかかっているはずの掲示物を「役目を終えた」という理由であっさりはずしている。

　学校では，役目を終えたどころか，いつ貼られたものかわからない掲示物が，破れたりしているにもかかわらずそのままになっていることも多い。それなのに，わずか1週間ではずしたところから，この教師の教室環境に対する意識の高さが伝わってきた。それは，

> 掲示物は期間限定

ということである。

　賞味期限の切れた（子どもにとって意味のない）掲示物が貼りっぱなしになっていないかどうか見直したいものである。

ささやかな教室環境から見える学級経営力

　次の2つの写真を見比べてほしい。

　同じ学校の2つの学級のぞうきんかけである。Ⓑの教室のぞうきんかけは，いつ見てもこのようにきれいな状態である。当然理由がある。

　この学級の担任は，子どもたちがきちんとぞうきんをかけるシステムを4月当初からつくって指導していたのである。たかがぞうきんかけであるが，

写真 3-7　2 つの教室のぞうきんかけ

このようなところにも学級経営力の差が大きく出てしまう。

写真 3-8　整然とした教室

右の写真は，体育の授業のため誰もいなくなった１年生の教室である。いすがきちんと入れられ，机も整然としている。教師も子どももいない教室からも学級経営力が伝わってくる。

後始末がきちんとできる子どもを育てたい

という教師の思いが子どもたちに浸透しているのである。

③　生活習慣で育てる

生活習慣を身につけさせる

生活習慣は家庭で身につけさせるのが基本であろう。しかし，基本的な生活習慣が身についていない子どもも多く見受けられるのが現状である。だから多くの学校では，毎月のように生活目標を提示して，生活習慣を身につけさせようと取り組んでいる。

ところがその成果はあまり表れていないようである。身につかない原因は，

生活目標を提示するだけで，どのように指導するかが共有されていない

からである。

小学校１年生から生活習慣の指導を着実に積み重ねていけば，学年が上がるほど指導しなければならないことは少なくなっていくはずである。ところ

が，毎年同じような目標が掲げられ，あまり効果のない指導が繰り返されている。

　学校がこのような環境にあるのなら，自分の学級だけでもしっかりと生活習慣を身につけさせていくしかない（より効果を高めるためには，学年で取り組むとよい）。

　生活習慣を身につけさせるための基本は，次の3点である。

---

① 生活習慣を身につける意義をとらえさせる
② 体験をとおしてよりよいやり方を学ばせる
③ 意識の持続を図るとともに，よいところを発見して学級全体に波及させる

あいさつに対する意識を高める

　ここでは，最も基本的な生活習慣であるあいさつを取り上げてみよう。

　「あいさつ運動」に取り組んでいる学校がある。児童会や生徒会などが，校門の前に立って，登校してくる子どもに大きな声であいさつをするのだが，されたほうの反応はあまり芳しくない。このような「あいさつ運動」を続けていると，「あいさつは児童会や生徒会にまかせておけばよい」「あいさつは向こうからするもの」「あいさつされても無視してよい」というようなことを学ぶだけである。

　このような環境の中で，自分の学級ではどのような指導をすればよいのだろうか。

　まずは，あいさつをする意義をとらえさせることである。そのためには，まず私たち教師が，あいさつをどのようにとらえているのかを見直す必要がある。教師自身があいさつを深くとらえていないのに，子どもたちによいあいさつが身につくはずがない。

　野口芳宏氏は，「あいさつの基本」を次のように示している（『音読・道徳教科書　日本の美しい言葉と作法──幼児から大人まで』登龍館，p. 6）。

> 一　挨拶　挨拶は，互いの心の扉を開きます。
> 1　挨拶は，仲良しになる第一歩。
> 　　挨拶をすれば楽しく，挨拶をされれば嬉しくなります。
> 2　挨拶は，人より先に自分から。
> 　　挨拶ができる人は明るい人です。
> 3　挨拶は，目を見て，元気に，にこやかに。
> 　　表情も大切な挨拶の一つです。

　このような「あいさつの基本」をもとに，子どもたちにあいさつの意義についての指導を行うのである。

　授業のあとは，「あいさつの基本」を教室に掲示し，ときどき振り返るようにするとよい。たとえば，毎週月曜日の朝の会で，「あいさつの基本」を音読し，今週自分が意識したい基本を考えさせるなどである。以下，授業プランを示す。

授業プラン「あいさつの基本」

授業の流れ	展開のポイント
①「挨拶」の意味を考える。 　「挨拶」と板書して発問する。 発問1　あいさつの意味を知っていますか。 　何人かの子どもに発表させたあと，「ある本にこう書いてありました」と言って次の言葉を提示する。 「挨拶は，互いの心の扉を開きます。」 発問2　どういうことでしょうか。 　出された考えを共感的に受け止めたあと，あいさつの意味を説明する。	・あいさつを漢字で板書して，何と読むのだろうという興味を高める。 ・あいさつの意味を知らなかったことに気づかせたあと，ヒントを提示して自分で何とか考えたいという意欲を引き出す。

「挨拶の挨とは心を開く，拶とはその心に近づくという意味です。つまり，挨拶とは，心を開いて近づくということなのです。だから挨拶は互いの心の扉を開くのです」

② あいさつの基本 1 について話し合う。

「その本には，心の扉を開くためのあいさつの基本が 3 つ書いてありました。どんなことが書いてあったと思いますか」と問いかける。何人かの子どもに考えを発表させたあと，次のように提示する。

> **1　挨拶は，[　　　]になる第一歩。**

空欄に入る言葉を考えさせたあと，「仲良し」であることを伝える。

> **発問 3　なぜあいさつが仲良しになる第一歩なのでしょうか。**

出された考えを共感的に受け止めたあと，「本にはこう書いてありました」と言って解説を提示し，音読させる。

③ あいさつの基本 2 について話し合う。

「2 つめです」と言って，次のように提示する。

> **2　挨拶は，[　　　]に自分から。**
> **挨拶ができる人は明るい人です。**

空欄に入る言葉を考えさせたあと，「人より先」であることを伝える。

・あいさつの基本が 3 つあるということを知らせることによって，何だろう？と考えたくなる思考状態をつくる。

・キーワードを空欄にして提示し，さらに思考を促す。

・発問 3 によって，授業の冒頭で示したあいさつの意味を深めさせる。

・解説とは「挨拶をすれば楽しく，挨拶をされれば嬉しくなります」の部分である。

発問 4 なぜ人より先にしたほうがいいのでしょうか。	・人より先に挨拶することは，自分から心を開くということだから，相手もうれしくなるということに気づかせていく。

出された考えを共感的に受け止めたあと，音読させる。

④ あいさつの基本 3 について話し合う。

「3 つめです」と言って，次のように提示する。

> **3　挨拶は，目を見て，元気に，にこやかに。**
> 　　　　　　　　　**□ も大切な挨拶の一つです。**

空欄に入る言葉を考えさせたあと，「表情」であることを伝える。

発問 5 表情もあいさつなのでしょうか。	・さまざまな考えを交流させることによって，表情もあいさつであるという新たな認識を促す。

出された考えを共感的に受け止めたあと，音読させる。

発問 6「目を見て，元気に，にこやかに」とはどんなあいさつでしょうか。	・実演させることにより，よいあいさつとはどのようなものかを学び合い，自分のあいさつに生かすことができるようにする。

何人かに実演させたあと，隣同士で行い，相手のあいさつのよさを伝え合う。

⑤ あいさつについての学びを振り返る。

あいさつの基本の全文を音読させたあと，発問する。

発問 7 自分のあいさつが少し変わりそうな気がしますか。	・自分のあいさつが少しよくなりそうな予感をもたせて授業を終える。

ほとんどの子どもがうなずくだろう。

「これからどんなあいさつが見られるかとても楽しみです」と言って授業を終える。

　あいさつの意義や基本を学んだ子どもたちのあいさつは少しずつ変容していくはずである。今まで表情を意識していなかった子どもは，あいさつのとき，表情がやわらかくなったり，微笑んだりするようになる。そのささやかな変容をとらえて次のように言う。

　「とても素敵な表情であいさつしてくれてありがとう。朝からとてもいい気分になりました」

　教師が発見した子どものささやかな変容は学級全体に伝える。さらに，子どもたち同士でお互いのあいさつのよさを発見させて，交流し合うとよい。

　このように，授業後の働きかけを継続していくことによって，よりよいあいさつが学級に少しずつ根付いていくようになる。気持ちのよいあいさつの飛び交う学級は，居心地のよい空間となる。

さまざまな素材を収集して活用する

　大切な生活習慣を定着させていくためには，継続的な指導が欠かせない。しかし同じ指導の繰り返しではマンネリ化していく。マンネリ化を防ぐために，日ごろから生活習慣に関わるさまざまな素材を収集しておくとよい。

　右の看板は，ある工事現場に掲げてあったものである。このような素材を，子どもたちのあいさつに対する意識が少し低下してきたかな，と感じた時期に活用するのである。活用の例を示す。

　「ある工事現場でおもしろい看板を発見しました」

　「どんな看板だろう？」と子どもたちが興味をもったところで，「笑顔」を空欄にして提示する。

　空欄に入る言葉の予想があれこれ出されたところで，「笑顔」であることを伝える。「あいさつの基本」を意識している子どもたちからは「やっぱり！」という声があがるだろう。

写真 3-9　工事現場の看板

そこで発問する。

① なぜ笑顔であいさつするといい1日になるのでしょうか。

　個人で考えさせたあと，ペアで交流させ，何人か指名して発表させる。そ
れぞれの考えを共感的に受け止めたあと，発問する。

② あなたのあいさつは，友達をいい1日にしているという自信がありま
　すか。

　4段階で自己評価させたあと，これからもっと意識していきたいことを考
えさせて授業を終える。

第**4**章

学級文化で育てる

通勤電車にも文化が生まれる

　外山滋比古氏は言う（「桃太郎文化」『教育研究』不昧堂出版，2003 年 5 月号）。

> 人間の集まるところ，大小の集団にはかならず文化が生まれる。構成メン
> バーの結びつきの強さによって，その文化の性格も違ってくる。

　外山氏は，このことを前提に，「通勤電車に文化があるだろうか」と次の
ように問いかける。あなたは，どう考えるだろうか。

> もっとも結びつきがゆるやかであるように思われる通勤電車の乗客の間に
> も，かすかではあるが文化が認められる。A 線では，若い人が，優先席にふ
> んぞり返っているが，B 線では，空いていても，立っている人が多い。そう
> いう線ごとで乗客文化の差が認められる。

　知り合いもほとんどいない通勤電車でも文化が生まれるのである。これが
学級だったら，確実に文化が生まれてくる。

マイナスの学級文化も生まれる

　一歩間違えると，マイナスの文化も生まれてくる。
　次の写真もその学級の文化を表している。

写真 4-1　学級のマイナス文化

このような学級では，次のような文化が生まれている。

・何か落ちていても拾おうともしない文化

・自分たちの道具が乱雑に積み上げられていても平気な文化

・ぞうきんが乱れていても気にしない文化

教師が気づかないところで，いつの間にかマイナスの文化が生まれているのである。

よい学級文化を育む

学級文化を育む土台にあるのは，教師の教育哲学である。どんな子どもを育てたいのか，そのためにどのような教育活動を行うのか。それが学級文化の高まりにつながっていく。

つまり，学級文化を意識していなかったとしても，それぞれの教師の思いが無意識のうちに学級文化を生み出しているのである。

図 4-1　学級文化を育む土台

次ページの**図 4-2** の学級通信「どうぞ」（猪飼博子氏提供，以下同）を見てほしい。このような学級からは，次のような文化が生まれるだろう。

> **学級目標と関連づけて友達のよいところを発見しようとする文化**

このような学級文化が生まれるための取り組みが学級通信から見えてくる。

①学級目標を定期的に振り返る。

②教師の気づきを伝える。

③教師の気づきを子ども同士の気づきにつなげる。

④学級通信で教師や子どもの気づきを言語化して伝える。

⑤学級通信によって保護者との連携を深める。

⑥学級目標を意識した言動を浸透させる。

□□□小学校
2年2組
学級通信

うさぎの
さし絵

No.22
2016. 7. 4

※思いやり「どうぞ」と感謝「ありがとう」の心を

☆気づく　かたちにする☆

　子どもたちに学級目標を意識させるために、一ヶ月に１度、学級目標を振り返るようにしています。
　前回の学級活動の時間では、子どもたちに次のようなことをワークシートに書かせました。

『みんながスマイルになるために自分がみんなにしてあげたこと、自分がスマイルになるためにみんな
が自分にしてくれたこと、みんながスマイルになるために友達がしていたことを書きましょう。』

> 　給食のとき、●●●●くんが●●●くんの机の向きを前に戻していました。すてきだなと思いました。
> （●●●さん）

> 　●●●くんが休み時間なのに、ほうきとちりとりをもって掃除をしていたから教室がきれいになって
> いいなと思いました。（●●●●くん）

　人のためにできることはいろいろあります。この二つの行動は、いいなあと思いました。
　それは、『気づき』と『行動化』の難易度が高いからです。
　友達が失敗をして落ち込んでいる場面や友達が物を落として困っている場面は、自分に何ができるの
か比較的気づきやすいのですが、上記の場面は、誰かが助けを必要としているわけではないので、「自分
に何かできることはないかな」という意識がないと気づきにくい場面なのです。

　給食が始まって、机の向きが一つや二つ、前を向いていなくても、すぐに誰かが困るわけではないの
で「まあいいか」となります。多くの人は、緊急性がないものや困っている人の姿が見えないときは、
自分にできることはあると分かっていてもすぐに行動できないものです。しかし、●●●●くんは違い
ました。「自分ができることを見つけたらすぐにしてあげよう」と、気づいてすぐに行動したのです。

　図工の時間の後は、画用紙の切れ端や小さな紙くずが教室の床に落ちていることがあります。目立つ
ゴミは、拾われます。しかし、目立たないゴミは「掃除の時間にすればいい」「自分が汚したんじゃない」
「他のだれかが拾ってくれるだろう」とそのままにされがちです。しかし、●●●くんは違いました。
「汚れているからきれいにしよう。」と、すぐに行動にうつしたのです。
　汚れていることに、気づくことができても、行動にうつさなければ意味がありません。気づいたこと
をすぐに「かたち」にしたところが素敵だなと思いました。

　子どもたちは学級目標の振り返りをしたことで、自分や友達の素敵な行動に改めて気づくことができ
ました。上記の場面は、目立たない場面です。私は、この目立たないけれど素敵な場面を子どもたちが
見過ごさず、気づいて「素敵な行動だな」と感じていてくれていたことをうれしく思いました。

図4-2　学級通信例「どうぞ（No.22）」

つまり,

> よい学級文化を育むための
> 取り組みが日常化されている

のである。

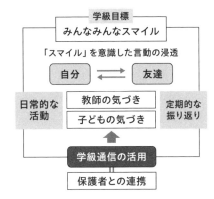

図 4-3　学級文化を育む

2　係活動で学級文化を醸成する

係活動の意味を考える

　よりよい学級文化を生み出すために, 大きな効果を発揮するのが, 係活動である。

　係活動と混同されやすいのが, 当番活動である。多くの教師が, 当番活動も含めて係活動だととらえている。『生徒指導提要』(2022年12月 [文部科学省]) では, 係活動と当番活動を次のように定義している。

> 係活動…友達と協力し合い創意工夫を生かして学級生活の充実を図る活動
> 当番活動…学級内の仕事を分担・協力する活動

　係活動では, 創意工夫を生かすことが重要なのである。創意工夫を生かすことが学級文化につながる。映画監督の河瀬直美氏は, 芸術や文化について次のように言う (「再考2020」『朝日新聞』2020 年 6 月12日付)。

> 人間の生活には太古から芸術，文化が必要不可欠だった。スポーツがもたらす勇気や希望も同じ。そういうものが渇くと，心が疲弊してしまう。

　ここからも，係活動によって生み出される学級文化の意味が見えてくる。

係活動を活性化するステップ

　係活動で学級を活性化し，よりよい学級文化を生み出すためには，次の3つのステップを意識するとよい。

> ① 係をおもしろいと思わせる
> ② 係活動に対するやる気を持続させる
> ③ 係活動の質を高める

係をおもしろいと思わせる

　係活動をおもしろいと思わせるポイントは次の2つである。

> ① 係と当番の違いに気づかせ興味をもたせる
> ② 係の組織の仕方を工夫する

　係と当番の違いに気づかせ興味をもたせるために，学年始めに次のような授業を行うとよい。

授業プラン「係活動と当番活動の違いはなあに？」

授業の流れ	展開のポイント
① 係と当番の違いを知る。 　「係」と「当番」と板書して発問する。 　発問1「係」と「当番」は同じですか。 　同じか違うか選ばせて理由を考えさせ	・板書することによって，何を考えるのだろうという問題意識を高める。

て発表させる。子どもたちの考えを共感的に受け止めたあと，次のように話す。

「実は，係と当番は違うのです。係は学級を楽しくする仕事です。当番は，それをやらないと学級が困る仕事です」

② 係と当番の違いを話し合う。

「黒板消し」「新聞」と板書して発問する。

> 発問2 どちらが係で，どちらが当番でしょうか。

どちらが係で当番かを考えさせて発表させる。

多くの子どもは，「黒板消し」が当番で，「新聞」が係であると考えるだろう。

判断の理由として，次のような考えが出されるだろう。

- ・黒板消し…黒板を消さないと次の授業でみんなが困る仕事だから。
- ・新聞…学級のいろいろな記事を書いて，みんなを楽しくさせる仕事だから。

③ 係と当番を区別するポイントを話し合う。

「音楽」と板書して発問する。

> 発問3 同じ名前でも，係になる場合と当番になる場合があります。どんな場合に係や当番になるのでしょうか。

個人で考えさせたあと，グループで交流させる。

・選んだ理由を交流することによってよくわかっていないことに気づかせ，さらに問題意識を高める。

・係と当番の違いを具体的な事例で考えさせることによって，理解を深める。

・理由も発表させることによって，係と当番のイメージを具体的にとらえさせる。

・同じ名前でも活動内容によって，係にもなれば当番にもなることに気づかせる。

次のような考えが出されるだろう。

・朝の会などで今月の歌などをかける
　だけだったら当番になる。
・音楽を楽しめるイベントなどをやっ
　てみんなを楽しませれば係になる。

④ 係活動に対する意欲を高める

> 発問4 係活動をやってみたいですか。

　やってみたいと思う子どもに挙手させ
る。多くの子どもが挙手するだろう。そ
こで，やってみたい理由を発表させる。
「活動を工夫して楽しい学級にしたいか
ら」という考えが出されるだろう。

　最後に次のように言って授業を終える。
「これからどんな係活動が生まれるか
楽しみになってきました」

・多くの子どもが，係活動に対する
　やる気が高まっていることを確認
　することによって，さらに意欲を
　高める。

　係を組織する場合には，次の3つの工夫をするとよい。

> ① ネーミングでやる気を高める
> ② 希望する係を自由に選べる
> ③ 自由に係を移ったり，新しく作ったりできる

【①について】

　ネーミングによってやる気に大きな影響が表れる。ネーミングによって，
取り組む活動にも違いが出てくるからである。

　「音楽係」と「音楽で学級を盛り上げる係」ではどのような違いが表れる
だろうか。後者だと，学級を盛り上げるためには音楽をどのように活用すれ
ばいいかを考えることになる。ネーミングが活動の方向を決めるのである。

　以下，ネーミングの例を示す（『係活動で学級を活性化する』明治図書，p. 82〜
86）。

> ・がんばれ将棋会社　・なんでもトップテン会社　・何でも実行委員会
> ・何でも新聞屋　・ぼくらの情報局　・もろにこわい会社　・ザ・世界一
> ・リクエストチーム

　名前を見ているだけで「どんなことをやるのだろう」と興味がわいてくる。

【②について】

　この係は何人までという制限を設けると，やりたくてもやることができない子どもが出てくる。自分の希望する係になれることがやる気を高めるのである。

　人数が多くなるようであれば，同じ係を2つつくればよい。そうすることによってライバル意識が芽生え，より質の高い活動が生まれる可能性が出てくる。

【③について】

　ある係に属したものの，自分には合わなかったという子どもも出てくる。合わないと感じているにもかかわらずやり続けなければならないとしたら，やる気は減退していく。

　また，係活動をやっているうちに，こんな係があったらいいなという発想が出てくる場合もある。そこで，「係を自由に移ってもよい」「やりたい係を思いついたら新しくつくってもよい」という柔軟なシステムにしておくのである。

係活動に対するやる気を持続させる

　係活動に対するやる気を持続させるポイントは次の2点である。

> ① 時間・場所・モノを保証する
> ② 活動に対する達成感を味わわせる

　せっかく係をつくっても活動する時間がなければやる気はなくなっていく。大切なことは，

さまざまな係がチャレンジできる時間を確保する

ということである。時間は5〜15分程度の短時間でよい。

たとえば，次のような時間の確保を工夫することができる。

・朝のミニイベント（朝の会の5分程度を活用する）
・15分休みのミニイベント（少し長い休み時間の冒頭の5分程度を活用する）
・昼休みのミニイベント（昼休みの冒頭の10分程度を活用する）

　いずれも週1回の設定なので，毎週3回の係活動の時間を確保することができる。

　右に示したのは，ある年の1か月分の係活動の時間のイベント予約状況である。

　予約一覧表を掲示しておいて，その時間を活用したい係が予約して，ミニイベントを仕掛けるのである。

**活動時間を
どう生み出すか？**

朝のミニイベント

15分休みのミニイベント

昼休みのミニイベント

週3回の時間保証

・なやみを解決しよう大会
・ピンポン球サッカー大会
・三人四脚レース
・アームレスリング大会
・特大新聞づくり大会
・漢字駅伝大会
・ダイズ皿渡し大会
・マジカル頭脳クイズ大会
・けん玉にチャレンジ大会
・じゃんけんオリンピック大会
・1分間がんばろう大会

図4-4　時間を保証する

　短時間でもさまざまな係がユニークなイベントを企画・実行することによって，みんなを楽しませようとする学級文化が醸成されていく。

　係が一生懸命に取り組んだ活動をほめることによって，さらにやる気が高まっていく。やる気を持続させるためには，活動に対する達成感を味わわせることが大切である。

　そこで重要になるのが，活動のさまざまな場面でほめること（共感的な声かけ）である。

　たとえば，次のような場面でほめていく。

① イベントを企画したことをほめる
② イベントのネーミングをほめる
③ イベントの準備に取り組む姿勢をほめる
④ イベント実施のあと，よかった点をほめる

　同じ時間帯に競合した場合には，話し合いによってどれか1つに決定することになる。しかし，イベントを企画したことをほめることによって，次のやる気につながっていく。

　イベントのネーミングをほめることによって，さらにおもしろそうなイベントを企画しようとする意欲が高まる。

　ほめるときには，係に直接伝えるとともに，学級全体にも伝えていく。こうすることによって次のような効果が期待できる。

① 自分たちの係活動を工夫するヒントを学ぶことができる
② ほかの係の活動に対する共感的な声かけが生まれる
③ 係活動の相互評価に活用できる視点を学べる

　教師の役割として重要なのは，

**イベントが成功するように
フォローする**

ということである。成功体験を味わわせることが，最もやる気を高めるからである。係活動の初期段階では，教師のフォローが特に重要になる。

係活動の質を高める

　最も難しいのが，係活動の質を高めることである。ポイントは，

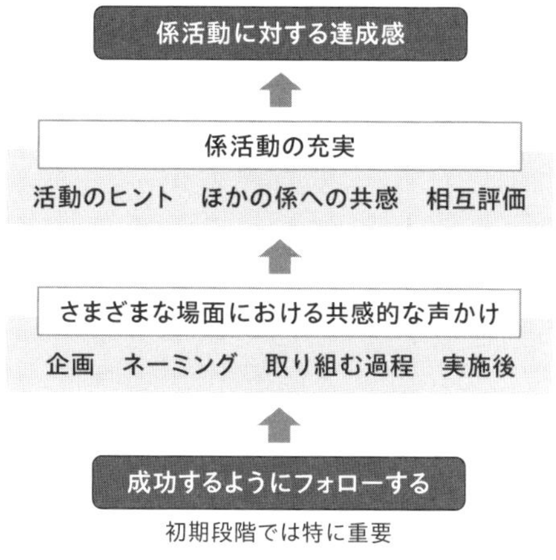

係活動に対する達成感

⬆

係活動の充実
活動のヒント　ほかの係への共感　相互評価

さまざまな場面における共感的な声かけ
企画　ネーミング　取り組む過程　実施後

成功するようにフォローする
初期段階では特に重要

図4-5　達成感を味わわせる

ことである。

　ミニイベントであれば, 週の始まりか終わりに次のような振り返り活動を設定する (10分程度)。

① １週間のミニイベントについて, ミニイベントコメントカードによかった点とアドバイスを書かせる (3分間)
② カードをもとにグループでコメントを出し合う (3分間)
③ グループで出されたコメントを全体で交流する (3分間)

　コメントを書いたり交流するときに, これまでの教師の共感的声かけが生きてくる。

　このような積み重ねによって, よりよい係活動にしていくためのポイントを子ども同士で学び合う雰囲気ができあがっていく。月の終わりには,

今月のベストイベント賞 (ベスト3)

を決めてもよい。

　校長をしていたころ, 小学校４年生のときに担任した教え子がたずねてきたことがある。県庁の職員になって, 仕事で学校の近くまで来たので立ち寄ったという。そのとき, 開口一番言ったのが,

「４年生のときの係活動がおもしろかったことが今でも忘れられない」

という言葉だった。

　係活動がこれほどまで心に刻み込まれていたのか, と驚いたのだが, みんなの喜ぶ顔を見る達成感が大きかったのだろうと思う。

第 **5** 章

授業で育てる

1　授業から見える学級経営力

　右の写真は，ある小学校の授業の
一場面である。何か気になるところ
があるだろうか。

　よく観察すると，次のような点が
気になってくる。

①教師に向けて発言している。

②友達の発言にまったく興味を示し
　ていない子どもがいる。

③教師は，子どもの発言を背中で聞
　いている。

写真 5-1　授業から見える学級経営力

　以上のことから考えると，この学級の担任教師の学級経営力があまり高く
ないことが見えてくる。

　このように，授業の一場面から担任教師の学級経営力が見えてしまうので
ある。

　なぜこのような授業の実態を改善しようとしないのだろうか。

　それは，

授業で子どものどんな姿が見られるようにしたいか

というイメージをもっていないからである。

　イメージをもっていないということは，学級の現状を判断する基準をもっ
ていないということである。だから，このような状況になっても，問題があ
ることに気づきにくいのである。

2　教育哲学を土台にした授業づくり

教育哲学と授業

　このような状況を脱する第一歩は，

> 教育哲学を土台にした授業づくり

を意識するということである。

　たとえば，「友達を大切にする子どもを育てたい」という教育哲学をもっていたとしたら，次の3点を考えて授業づくりを行うことになる。

> ① 「友達を大切にする子ども」は，授業でどのような姿を見せるかを具体的にイメージする
> ② イメージした姿が見られる授業はどのようにしたらいいかを考える
> ③ 日々の授業で①②を意識して指導する

　子どもたちが学校で一番長く時間を費やすのは授業である。

　だからこそ，1時間1時間の授業で教師が①〜③を意識して指導を行えば，子どもたちが少しずつ育っていくのである。

【①について】

　「友達を大切にする子ども」は，授業で次のような姿を見せるようになるはずである。

　　ア　友達の発言に真剣に耳を傾ける

　　イ　問題が解けずに困っている友達に助言する

　　ウ　よい発言や表現などをした友達を素直にほめる

　このように具体的なイメージをもったら，授業の中でそのような姿が見られるように意識して指導を行うことになる。そうすれば，冒頭の写真のような状況にはなりにくいはずである。

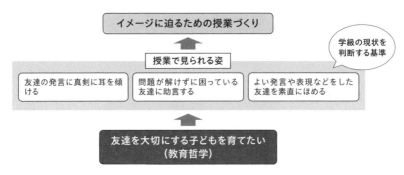

図 5-1　教育哲学と授業

【②について】

　アを例に授業のあり方を考えてみよう。

　友達の発言に真剣に耳を傾ける子どもにしたいと考えるなら，授業において傾聴という行為を意識させることが大切になる。

　心理カウンセラーの澤村直樹氏は，傾聴の目的について次のように言う（『こころをよむ〈聞き上手〉のレッスン』NHK出版，p.12）。

> 聞くという行為によって，相手に「思いやりの心」を伝えること

　だから，子どもたちが，傾聴を意識して日々の授業に参加すれば，「友達を大切にする」学級風土が培われていくのである。そのような学級づくりを進めていくためには，次の2つのステップで取り組むとよい。

> ① 教育哲学を子どもたちが共感的に受け止める授業をする
> ② 教育哲学を日々の授業で波及させる

　以下，「友達を大切にする子ども」を例にステップ1とステップ2について述べていく。

教育哲学を共感的に受け止める授業

　どんな立派な教育哲学をもっていたとしても，それを子どもたちが共感的

に受け止めてくれなかったとしたら，絵に描いた餅で終わってしまう。

　「友達を大切にする子どもに育てたい」という教育哲学に子どもたちから共感してもらえるようにしたいのであれば，次のような視点で授業を構成するとよい。

---

① 聞くことに対する自分自身の実態を把握させる
② 学級全体で聞くことの意味を共有させる
③ どのような聞き方が友達を大切にすることになるのかを考えさせる

　以下，授業プランを示す。

授業プラン「『思いやりの心』を伝える聞き方とは？」

授業の流れ	展開のポイント
① 写真から問題意識をもつ 　「ある学級の授業中の写真を持ってきました」と言って，冒頭の写真のような授業の様子を提示する。しばらく見せたあと，発問する。 発問1　何か気になるところがありますか。 　「ある」という反応をした子どもに発言させていく。手遊びをしている子どもや発表をちゃんと聞いていない子どもが気になるなどという考えが出されるだろう。 　そこで，問いかける。 発問2　聞いている子どももいるのだから，聞いていない子どもがいてもいいのではないでしょうか。	・「ある学級の授業中の写真」と言うだけで子どもたちは，「どんな写真だろう？」という興味をもつだろう。 ・「気になるところ」と問いかけることによって，写真のすみずみまで観察しようとする意識を高める。 ・多くの子どもが「気になるところがある」と考えるだろう。子どもから出された「気になるところ」を共感的に受け止めていく。 ・発問2をすることによって，「聞いていない子どもがいたらよくないのではないか」という考えをほ

次のような批判的な考えが多く出され
るだろう。

　・発表している子どもに失礼

　・発表する気持ちがなくなる

　・自分の考えを聞いてもらえないと悲
　　しい

とてもよい考えをもっていることを賞
賛したあと，「もう一度写真を見てみま
しょう」と言って，発問する。

> 発問3　あなたの聞き方は，この写真の中
> 　　　のどの人に近いですか。

　この発問には特に答えを求めず，しば
らく黙って考えさせる。

② 聞く意味を話し合う

> 発問4　友達の意見を聞くときに大切に
> 　　　したいことは何ですか。

　これまで指導されてきたことが出され
るだろう。

　・相手の目を見て聞く

　・うなずきながら聞く

　・真剣に聞く

　よい考えを賞賛して学級全体で共有さ
せる。

③「思いやりの心を伝える」聞き方につ
　いて話し合う

　「聞くことの専門家は次のように言っ
ています」と言って板書する。

とんどの子どもがもっていること
を確認する。

・聞いていない子どもに対する批判
　を出させたあとに，発問3をする
　ことによって自分の聞き方を切実
　感をもって振り返らせるようにす
　る。

・なるべく具体的なことを引き出し，
　子どもたちがもっている聞き方の
　イメージを把握していく。

・専門家という言葉を使うことに
　よって，知りたいという意識を高
　めたあと板書する。

・「思いやりの心」を空欄にして提

聞くという行為によって，相手に「思いやりの心」を伝えること

音読させたあと，発問する。

> 発問5　どうしたら聞くことによって「思いやりの心を伝える」ことができるのでしょうか。

　自分の考えをもたせたあと隣同士やグループで交流させ，発表させる。次のような考えが出されるだろう。

- ・「いい考えだな」と思いながら聞く。
- ・よい意見には「なるほど」などと言う。
- ・うまく言えない人がいたら応援する。
- ・自分の考えとちがう意見でも「そんな考え方もあるね」と思いながら聞く。

　出された考えの中から，これから自分が大切にしていきたい聞き方を選ばせる。

　学んだことを書かせたあと，次のように言って授業を終える。

　「この学級には，思いやりの心が伝わってくるような聞き方をしている人が何人もいます。あの人の聞き方って素敵だなと思ったら，ぜひまねするといいですね」

- 示し，キーワードを強く印象づけてもよい。
- ・音読させることによって重要な考え方を学級全体で共有させる。
- ・発問5は難しいので，個人で考えさせたあと，隣同士やグループで交流させて，自分の考えを深めていくようにする。

- ・「自分が大切にしたい聞き方」を選ばせることによって，授業中の聞き方の変容を促す。

- ・授業中の聞き方を観察しておいて，聞き方を具体的に紹介し（名前は出さなくてよい），自分もやってみたいという意欲を高めて授業を終える。

　このような授業を4月のできるだけ早い時期に実施することによって，「授業で育てたい子どもの姿」が強く印象づけられる。

教育哲学を日々の授業で波及させる

このような授業をしたあと大切なのは，

> 意識を持続させていく

ことである。

そのためには，次の2つに取り組むとよい。

> ① 日々の授業で教師自身がよい聞き方のモデルを示す
> ②「思いやりの心が伝わる」ような聞き方をしている子どもを授業の中で具体的にほめる

【①について】

子どもたちは，授業中何度も教師を見る。そして，その教師が自分たちの考えをどのような意識で受け止めているかを敏感に感じている。だからこそ，まず教師が教育哲学を自分自身でどのように体現しているかを示すことが大切になってくる。

聞くという行為によって，相手に「思いやりの心」を伝えることが大切だと指導しているのに，子どもの発言を背中で聞いていたり，自分が想定していない考えが出されたときに「えっ？」というような表情をしたりしたら，子どもはどう思うだろうか。

言っていることとやっていることの違いを感じて，教師に対する信頼をなくしていくことだろう。

意識したいのは，

> どんな考えもすべて受け止める

ということである。

想定外の考えやユニークな考えが出されたら，「そんな考えもあるね」「そ

74

の考え方はおもしろいね」「そんな考えは先生も思いつかないな」などと返すとよい。子どもの考えを正解・不正解で判断するのではなく，まずはその子どもの考えをまるごと受け止めるという姿勢が大切なのである。

【②について】

　子どもたちは，教師や友達の話をいろいろな表情や仕草を交えて聞いている。

　まずは，そのような子どもたちの聞き方を，一人の人間としてどう受け止めているかを伝えるようにしたい。

　かすかでもうなずく子ども，ニコッとほほえみながら聞く子ども，まっすぐな目を向けて聞く子ども，聞きながら首をかしげる子ども，思わずつぶやく子ども。どの聞き方からもその子どもの思いが伝わってくる。

　そのような子どもたちに，真剣に聞いている姿を見ることができてうれしいということを伝えるようにしたい。

飛び込み授業でも教育哲学が生きる

　依頼されて，小学校や中学校で飛び込み授業を行うことがある。

　授業の冒頭で，「授業で大切にしたい2つのこと」として右のようなスライドを活用しながら，次の約束をする。

授業で大切にしたい2つのこと

この2つができる人は信頼される！

本気で考える　　真剣に聴く

図5-2　授業で大切にしたい2つのこと

① 本気で考える
② 真剣に聴く

　そして，「この2つができる人は信頼される！」という話をする。

　さらに次のように言う。

　「みなさんが，毎日の授業でこの2つをしっかりやっていけば，信頼され

る人に成長していきます。授業というのは，何かを学ぶだけでなく，自分が人として成長していく場でもあるのです」

　このような話に子どもたちは真剣に耳を傾けている。中にはうなずく子どももいるので，「うなずくということは，私の話を真剣に聞いているということですね。とてもうれしいです」と話す。

　初めて出会う子どもたちだが，このような思い（教育哲学）を伝えることで，授業を受ける姿勢が大きく変わってくる。

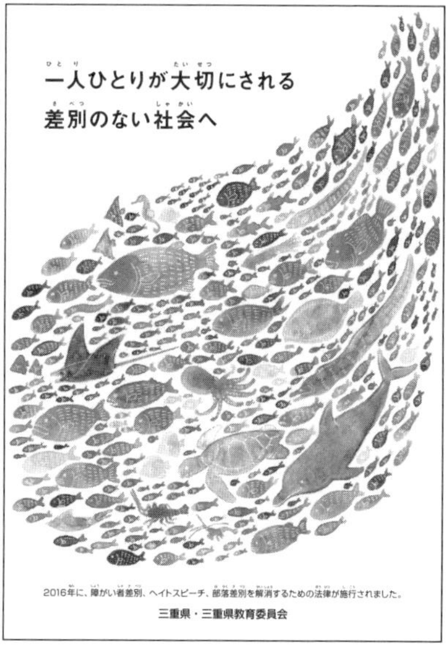

　授業の導入では，1枚の写真やイラストなどを提示して，子どもたちから多様な気づきを引き出すようにしている。

図5-3　2017年度同和問題等啓発ポスター

提供：三重県人権センター

　ある中学校で行った道徳の授業では，上のポスターのイラスト部分だけ提示して，「気づいたこと，考えたこと，はてなと思ったこと」を自由に発言させていった。

　すると，次のような考えが次々と出された。→のあとの言葉は，私が返した言葉である。

・いろいろな魚がいる。→魚の種類に目を向けたんだね。
・大きい魚もいれば小さな魚もいる。→大きさを比較したんだね。
・いろいろな色の魚がいる。→色に着目したんだね。
・みんな同じ方向を向いている。→泳いでいる向きに気がついたんだね。
・全体で何か一つの形をつくっている。→全体を一つの形としてとらえたんだね。

> ・みんなでどこに向かっているんだろう。→どこかを目指しているような
> 　感じがするね。

　子どもたちの発言を意味づけながら返すことによって，次のような効果が生まれる。

---

① 自分の発言に自信をもつようになる
② 何を言っても受け止めてくれる先生だと思ってくれる
③ 友達の意見からいろいろな物の見方・考え方が学べることに気づく
④ おもしろい意見から笑いが生まれて学級の雰囲気がなごむ

　発言によっては，子どもたちから「お〜っ！」という驚きの声が自然にもれたりする。そのときにはすかさず言う。

　「友達の発言に対するリアクションがいいですね。しっかり耳を傾けている証拠です」

　初めて出会う子どもたちだが，授業が始まって3分間ほどで学級の雰囲気はかなりやわらかくなっていく。そして，友達の発言を聞くことの楽しさや発言することの手応えを自然に感じていくようになる。

　このような授業を4月当初から行うことで，子どもたちの授業に対する意識は大きく変わる。明確な教育哲学をもち，子どもたちから共感を得られるようにアプローチすることで，学級づくりが充実していくのである。

大学院生に教育哲学を語る

　大学院で担当している学級経営の授業の冒頭で，毎回「ちょっといい話」をすることにしている。しかし，一方的に話すだけでは，強く印象づけることが難しい。そこで，3〜5分間くらいの授業を構成することにしている。

　基本は，「小さな道徳授業」と同じである。ある年の最初の授業では，刀鍛冶の吉原義人氏を取り上げた。たまたま『プロフェッショナル仕事の流儀 file：477』（NHK）で見たのだが，吉原氏の仕事の哲学をぜひ大学院生に伝えたいと思ったからである。

　吉原氏の仕事の哲学は，

> 鍛えてこそ，本物になる

である。自分自身の教師としての生き方（教育哲学）にも重なる言葉である。この言葉をもとに，次のような授業を構成した。

　① 吉原氏の迫力ある仕事風景の写真を提示し，「この人を知っていますか」と問う。ほとんどの大学院生は知らないので，刀鍛冶の吉原義人氏であることを伝える。

　②「吉原氏の仕事の哲学はこれです」と言って，言葉を次のように提示する。

　　　　　　　　　　　　　　　　，本物になる。

　③ 空欄の言葉を考えさせたあと，「鍛えてこそ」が入ることを知らせ，発問する。

　・発問1　本物とは何でしょうか。

　・発問2　鍛えないと本物にならないのでしょうか。

　・発問3　あなたはこの1年，何を鍛えていきたいですか。

　最初の授業でこのような話をすることによって，大学院生の気持ちが引き締まり，授業に向かう姿勢も積極的になるのである。

第**6**章

道徳教育で育てる

1 学級経営の核としての道徳教育

　学級目標に迫るための基盤となるのは,「こんな子どもに育てたい」という教師の価値観（教育観・教育哲学）である。

　その価値観を子どもたちに少しずつ浸透させていくための中心的な役割を果たすのが道徳教育である。

　道徳教育を効果的に行うことによって, 子どもたちは学級目標をより強く意識し, 行動も変容していくからである（**図6-1**）。

　子どもたちの成長につながる道徳教育を推進するための重要な視点が次の3つである。

図6-1　学級づくりに生かす道徳教育

> ① 「小さな道徳授業」
> ② 1時間の道徳授業
> ③ 意識の持続

　「小さな道徳授業」は5〜15分程度の短時間で実施できる道徳授業で

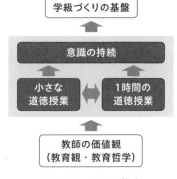

図6-2　3つの視点

あるが, 子どもたちの認識の変容を促すうえで大きな力を発揮する。1時間の道徳授業も「小さな道徳授業」と関連づけて行うことで, 相乗効果が期待できる。

　しかし, 道徳授業はよりよい生き方を考えるきっかけを与えるのが主な役割である。そこで, せっかく学んだ考え方を持続させていくためのアプローチが大切になる。

　学びを生き方に反映させていこうとする意識が持続すれば，それが学級づくりの基盤となっていく（**図6-2**）。

2 「小さな道徳授業」で仕掛ける

　「小さな道徳授業」は，短時間でできるので，すきま時間を活用して手軽に実施することが可能である。

　全国の小中学校に広がりつつあるが，学校全体で取り組んでいるところでは，「朝の会」を活用しているケースが多い。「小さな道徳授業」の基本的な構成は，

教材＋発問

というシンプルなものである。

　教材は，教師が感動したものがよい。教師が感動したものであれば，授業に熱い思いがこもる。それだけで子どもの心に響く。

　右の写真は，ある運送会社のトラックである。

写真6-1　教師の感動を伝える写真
提供：株式会社サカイ引越センター

まごころこめておつきあい

というキャッチフレーズがなかなかよい。このようなささやかな感動でよいのである。

　発見した素材をより効果的に学級経営に生かすために検討したいのが次の3点である。

> ① どんな時期に活用するかを考える
> ② どのような「ねらい」で活用するかを考える
> ③ ①②を踏まえて「小さな道徳授業」を開発する

　運送会社のキャッチフレーズ「まごころこめておつきあい」を，どんな時期に，どのような「ねらい」で活用すると効果的だろうか。

　たとえば，次のような時期が考えられる。

> 人間関係が少しずつできあがり，お互いが慣れてきた時期

　新年度が始まったあと，しばらく経って学級の中での人間関係に慣れてくると，相手に対する態度が雑になったり，力の強い子どもが傲慢な態度をとったりするような姿が見られるようになる。

　そのような時期に，次の「ねらい」で「小さな道徳授業」を実施するのである。

> 日ごろの友達に対する態度について振り返り，これまで以上に
> 「まごころこめておつきあい」していこうとする意識を高める。

　このような「ねらい」で「小さな道徳授業」を行うことにより，友達とのつきあい方に対する認識の変容を促すことができるはずである。「まごころこめておつきあい」しようとする子どもが増えることで，学級の雰囲気は格段によくなることだろう。

3 「小さな道徳授業」のプランをつくる

　以下，授業プランを示す。

授業プラン「まごころこめておつきあい」

授業の流れ	展開のポイント

① キャッチフレーズと出合う

「ある運送会社のトラックにこんな言葉が書かれていました」と言って，「まごころこめて」を空欄にした写真を提示する。

> [　　　]　おつきあい

空欄に入る言葉を考えさせる。

次のような言葉が出されるだろう。

・にこにこ　　・大切な

・思いやりのある　・すてきな

・楽しく

考えが出尽くしたところで，「まごころこめて」であることを知らせる。

・キーワードとなる言葉を空欄にして提示することによって興味を高める。

（教材に興味をもたせる提示の工夫）

・正解を考えるのではなく，自分だったらこう考えるという言葉を自由に出させる。それらの言葉を共感的に受け止めて何でも言える雰囲気をつくる。

②「まごころこめて」の意味を話し合う

> 発問1 ただの「おつきあい」と「まごころこめておつきあい」はどう違いますか？

次のような考えが出されるだろう。

・ただの「おつきあい」は，あまり相手のことを考えていない表面的なおつきあい。

・「まごころこめておつきあい」は，相手に対する思いやりのあるおつきあい。

・比較させることにより，「まごころこめて」の意味を深くとらえさせる。

（思考を刺激する発問の工夫）

・出された考えに意味づけして，「まごころこめて」のとらえ方の幅を広げていく。

③ 自分の態度を振り返る

これらの考えを受けて発問する。

発問2 自分は, どちらの「おつきあい」をしてもらいたいですか?	・多くの子どもが「まごころこめておつきあい」のほうがよいと考えているという事実を確認することによって, よい価値観を学級全体で共有させる。

発問2 自分は, どちらの「おつきあい」をしてもらいたいですか?

多くの子どもは,「まごころこめておつきあい」を選ぶだろう。

「ほとんどの人が, まごころこめておつきあいをしてほしいと思っているんですね」と確認して発問する。

発問3 あなたの友達とのつきあい方は,「まごころこめておつきあい」していると思われているでしょうか。

4段階(思われている…4, まあまあ思われている…3 あまり思われていない…2 思われていない…1)で自分を振り返らせたあと,「まごころこめておつきあい」に近づくためにしていきたいことを考えさせて授業を終える。

・多くの子どもが「まごころこめておつきあい」のほうがよいと考えているという事実を確認することによって, よい価値観を学級全体で共有させる。

・自分の言動を4段階で振り返らせることによって, これから少しでもよいおつきあいをしていこうとする意識を高める。

---

4 「小さな道徳授業」づくりのポイント

「小さな道徳授業」づくりの意義についてある若い教師は次のように報告している。

・短時間で実施できるのに, 効果が大きい
・子どもたちが楽しんで, 真剣に考えている
・テーマが学級でよい価値観として共有され, 合い言葉にもなる
・よりよい人間関係の構築ができる

「小さな道徳授業」が学級経営に大きな効果をもたらすことが伝わってくる。どうしたら, このような「小さな道徳授業」をつくることができるのだろうか。

「小さな道徳授業」づくりのポイントは次の2つである。

① 教材に興味をもたせる提示の工夫
② 思考を刺激する発問の工夫

「小さな道徳授業」の
プランを数多く作ってお
くと，朝の会，学年集会,
全校朝会，行事等との関
連など，さまざまな場面
で活用できる。

学級経営ばかりでなく,
学年経営や学校経営にも
役に立つのである（**図6-3**）。

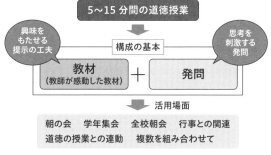

図6-3　小さな道徳授業とは

素材は身近なところから数多く
発見できる。発見する視点をもっ
ておくことで，今まで見逃してい
た素材が目に飛び込んでくるよう
になる（**図6-4**）。

素材を発見したら,

とりあえず授業プランを
つくって実践してみること

図6-4　身近な素材に気づく

が大切である。

積み重ねていくことによって，子どもたちの意識が少しずつ変容していく
手応えを感じられるはずである。

　道徳が特別の教科になってから，道徳授業を毎週行う教師が増えてきた。しかし「やらなければならない」という意識で教科書会社の展開例をもとに授業している教師も少なからず散見される。これではもったいない。

> **道徳授業は学級経営の時間である**

という意識をもって取り組めば，大きな効果が得られるはずである。

　右ページの学級通信を読んでほしい。

　2年生の4月であるにもかかわらず，自主的にぞうきんをかけ直したり，黒板を消したりする子どもたちが現れている。この子どもたちは係などではなく，自然にこのような行動をしているのである。なぜこのような子どもたちが育っていくのだろうか。

　それは，学級担任（猪飼先生）が道徳授業を学級経営の時間だととらえて，授業を行っているからである。

　まず学級びらきで，学級通信のタイトル横に掲載してある絵本『どうぞのいす』（作／香山美子・絵／柿本幸造，ひさかたチャイルド）を活用して，「小さな道徳授業」を行い，思いやり「どうぞ」と感謝「ありがとう」の心を大切にできる学級にしていこうという思いを子どもたちと共有している。

　この思いやり「どうぞ」と感謝「ありがとう」の心がH先生の教育哲学なのである。

　教育哲学を共有したあと，思いやりと感謝を大切にしたいという意識を高める道徳授業を継続的に行っている。

　このような「小さな道徳授業」と1時間の道徳授業の積み重ねによって，学級通信に描かれたような子どもたちが育っていくのである。

＿＿＿小学校
2年2組
学級通信

うさぎの
さし絵

どうぞ

No.6
2016. 4. 26

※思いやり「どうぞ」と感謝「ありがとう」の心を

☆学級のために☆

　体調が整い、久しぶりに子どもたちの顔を見ることができました。

　教室に入ると、●●●●君が自分の席から走ってきて「先生、おはようございます」と嬉しそうにあいさつをしてくれました。その後も、子どもたちが私のそばまで来て「先生、もうだいじょうぶ?」「元気になった?」と言って声をかけてくれました。

　しばらくの間、私のそばを離れようとしない子どもたちを見て、とても心配してくれていたんだと、心の底から嬉しく思いました。

　休み時間は、子どもたちと話をしながら宿題や連絡帳を確認しています。

　子どもたちは、当番の仕事をしたり友達との会話を楽しんだりしています。

　ふと、教室の奥に目を向けると●●●さんと●●さんがせっせとぞうきんの整とんをしていました。

　2の2には、たくさんの係がありますが、ぞうきんを整とんする係はありません。

　自ら進んで学級のために働いているのです。先生見てみてと主張することもせず、2人で黙々と取り組んでいました。かけ終わったぞうきんは、一つひとつ丁寧に洗濯ばさみでとめてありました。整とんされたぞうきんから、2人の美しい心が伝わってきました。

　教室の後ろを眺めながら感動をしていると、背後で何やら話し声が聞こえました。

　●●●さんと●●さんです。

　「私が高い所を消すね」と、●●●さん。

　「私は低い所をけすね」と、●●さん。

　2人で役割を決めて仲良く黒板を消していました。

　2の2には、黒板を消す係はありません。2人も自ら学級のために働いているのです。黒板を消す2人も、決して頑張っていることを主張することはありません。学級の役にたっていることを喜んでいるようでした。

　2人が使った黒板けし(クリーナー)は、汚れたままになっていません。授業中に私が使いやすいように、黒板だけでなく、黒板消し(クリーナー)もきれいにしておいてくれたのです。

　私は、仕事をしながら美しい背中に見とれてしまいました。

　4人のような美しい背中が、教室のいろいろなところで見られるといいなと思いました。

図6-5　学級通信例「どうぞ(No.6)」

6 道徳授業で大切なこと

　「道徳授業で最も大切なことは何か？」と問われたらどう答えるだろうか。私だったら次のように答える。

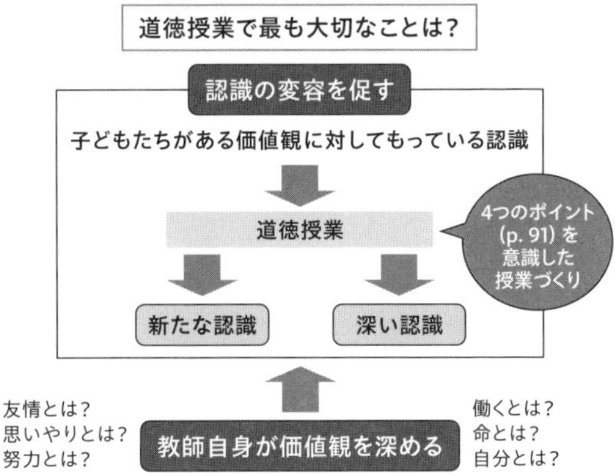

認識の変容を促すこと

　子どもたちは，ある価値観に対して，それぞれの認識をもっている。

　たとえば，「思いやりのある行動をしたほうがいいよね」「友達って大切だよね」などという認識である。だから，子どもたちがすでにもっている認識をなぞるような道徳授業をしても，認識の変容は見られない。「そんなことはとっくに知っているよ」と内心で思われるだけである。

　しかし，「そんな思いやりもあるのか！」「友達を大切にするってそういうことだったのか！」などという認識の変容を促されたら，日常的な言動に影響を与える可能性が出てくる。それが学級経営の充実につながっていく。

　つまり，今までもっていなかった新たな認識が芽生えたり，今までもっていた認識が深まったりしなければ，道徳授業をした意味がないということである。

　認識の変容を促す道徳授業を行うために意識したいのは，

教師自身が価値観を深める

ということである。

図 6-6　道徳授業で大切なこと

「友情とは？」「思いやりとは？」「努力とは？」などと問いかけられたとき，明確に答えることができるだろうか。

このような問いかけに対して，ほとんどの教師はうまく答えることができない。自分に答えられないことを知っているつもりで授業しているのである。自問自答することによって，知っているつもりだったことに気づくことができる。その気づきが生まれれば，授業で扱おうとしているテーマについて調べようとする意識が芽生えてくる。教師が価値観を深めれば，認識の変容を促す道徳授業に一歩近づくことになる（図6-6）。

7　教材を批判的思考で読む

認識の変容を促す道徳授業をつくるために重要なのが，その教材ならではの「ねらい」を設定することである。しかし，教材を読んでいきなり「ねらい」を設定できるわけではない。その教材ならではの「ねらい」を設定するうえで大切にしたいのが，

> 教材を批判的思考で読む

ということである。簡単に言うと，教材文を読みながら，できるだけ多くの疑問を出すということである。

「仲間だから」という教材がある（『小学道徳4　はばたこう明日へ』教育出版，2019年検定）。

次のような話である。

> たくやは，班のみんなから牛乳パックの片付けを押しつけられているが，「まかせておいてよ」と平然と答えている。"わたし（ゆい）"は，たくやに「なんでいつもそうなの？」と大声でたずねるが，たくやは少し笑っただけで，下を向いている。

次の日の登校のとき，"わたし"は思いきってたくやに「無理してやっているんじゃないか心配なの」とたずねる。たくやは，「ああでもしないと仲間に入れないから」と言うと走りだしてしまう。"わたし"はたくやの目になみだがうかんでいたことに気づく。

まずは，教材を読みながら，浮かんだ疑問を書き出していく。次のような疑問が浮かんでくる。

・たくやは，いつからいやな目に遭っているのか。
・教師は，この状況に気づいていないのか。
・"わたし"以外の友達は，この状況に気づいていないのか。気づいていても何もしないのか。
・"わたし"は，なぜたくやのこのような状況に気づくことができたのか。
・"わたし"は，なぜたずねにくいことをたずねることができたのか。
・いやなことを引き受けることが仲間になることなのか。
・ゆいのたくやへの関わり方から何が学べるのか。

この教材で
考えさせられる（考えさせたい）ことは何か

「なんだか，たくやさんのことが気になるの。だって，流し場で，牛にゅうパックをあらっているとき，ぶつぶつひとり言をいっているんだもの。それに，四年生になったころから，友達のいいなりだもの」

| ひとり言にも耳を傾けている | 長期間に渡って心配している |

友達を気遣うとはどのような態度かが見える

図6-7　考えさせたい部分を焦点化する

友達や仲間は大切

〈しかし〉

ささやかな言動から困り感に気づくことは難しい

気づいたあとに行動することはもっと難しい

気づき行動しているゆいから学べることを「ねらい」として設定したい

本当の仲間になるためには，友達の困り感に気づき行動できるようにすることが大切であることに気づき，自分も仲間になれるようにしたいという気持ちを高める。

図6-8　「ねらい」を設定する

このように批判的思考で読み進めると，この教材だからこそ学ばせたいことが少しずつ見えてくるようになる（**図6-7，6-8**）。

以上のような作業を行うことによって，その教材ならではの「ねらい」を

設定できるようになる。「ねらい」を示す。

> 本当の仲間になるためには，友達の困り感に気づき行動できるようにすることが大切であることに気づき，自分も仲間になれるようにしたいという気持ちを高める。

8　認識の変容を促す道徳授業をつくる

認識の変容を促す道徳授業をつくるポイントは次の4点である。

> ① その教材ならではの「ねらい」を設定する
> ② 教材に興味をもたせる（問題意識を高める）
> ③ 思考を刺激する発問を工夫する
> ④ 身近な問題として意識づける

ポイント①については，前節で述べたとおりである。以下，ポイント②〜④を活用して構想した前述の「仲間だから」の授業プランを示す。

授業プラン「仲間だから」

授業の流れ	展開のポイント
① 挿絵をもとに問題意識を高める。 　挿絵を提示して，気づいたこと，考えたこと，はてなと思ったことを発表させる。いろいろな考えを出させたあと，「仲間だから」という話の挿絵であることを伝えて発問する。	・挿絵からの気づき等を数多く出させることによって，挿絵の中の情報を共有させるとともに，ちょっと気になる場面であることに気づかせていく（教材に興味をもたせる）。

発問1 この5人は仲間だと思いますか。

　表情や牛乳パックなどの様子から「仲間だとは思わない」という考えが多く出されるだろう。

②「仲間だから」を読んで，5人の関係を話し合う。

　「仲間だから」を範読したあと，再度発問1をし，判断した理由を発表させる。ゆいはたくやのことを心配しているので仲間だが，あとの3人はたくやにいやがらせをして笑っているから仲間ではないと判断する子どもが多いだろう。

③ ゆいの言動のすごさを発見して話し合う。

発問2 ゆいのすごいところは，どこでしょうか。
　　　できるだけ数多く発見しましょう。

　「先生は○つ発見しました」と挑発してもよい。教師が意図している部分のすごさが出てこない場合には，該当部分を提示して発問する。

発問3 この部分からも，ゆいのすごさを感じ取ることができませんか。

　ゆいのすごさが出されたところで発問する。

発問4 ゆいの言葉や行動で一番すごいと思うのはどれですか。

　一番を決めるのではなく，自分が一番

「仲間だから」絵：田中六大
出典：『小学道徳4　はばたこう明日へ』
教育出版，2019年検定

・「仲間だから」という題名と挿絵の様子のギャップから問題意識を高める。

・仲間だと思うかどうかを判断した理由を交流させることによって，教材の内容を一人ひとりにしっかり把握させていく。

・「できるかぎり数多く発見しよう」と言うことによって，思考を活発にさせる（思考を刺激する発問の工夫①）。

・子どもが気づきにくい部分

「なんだか，たくやさんのことが気になるの。だって，流し場で，ぎゅうにゅうパックをあらっているとき，ぶつぶつひとり言をいっているんだもの。それに，四年生になったころから，友達のいいなりだもの。」(前掲書, p.77)

・焦点化して考えさせることによって，新たな考えを引き出す（思考を刺激する発問の工夫②）。

すごいと思う部分を交流することによって，ゆいの言動を深くとらえさせる。

④ 学びの生かし方について話し合う。

ゆい（A）とほかの3人（B）の挿絵を提示して発問する。

> 発問5 A・B，どちらの人が多い学級にしたいですか。

ほとんど子どもは，Aと答えるだろう。そこで発問する。

> 発問6 この学級は，みんなが「仲間だ！」と言えるでしょうか。

言えるか言えないかを4段階で考えさせる。選んだ段階に挙手させて，言えないと考えている子どもも多いことを確認する。

> 発問7 「言える」に近づくために，あなたにできそうなことは何でしょうか。

できそうなことをグループや学級全体で交流させる。

「学んだこと」「今後意識していきたいこと」などを書かせて授業を終える。

・「一番すごい」という条件を示すことによって，深い思考を促す（思考を刺激する発問の工夫③）。

「仲間だから」絵（一部）：田中六大
出典：前掲書

・ゆいみたいな人が多い学級がよいと思っている子どもが圧倒的に多いことを印象づける（身近な問題として意識づける①）。

・学級の現状を一人ひとりにとらえさせることによって，学級の課題を見える化する（身近な問題として意識づける②）。

・できそうなことを考えさせることによって，今後の言動の変容に結びつけていく（身近な問題として意識づける③）。

9　意識の持続化

「小さな道徳授業」や1時間の道徳授業で認識の変容を促すことができたら，できるだけその意識が持続し，実践意欲が高まるようにしていきたい。それがよりよい学級経営につながっていく。意識の持続を図るポイントは次の5つである。

① 授業での学びを見える化して掲示する
② 道徳授業での学びを学級通信で子どもや保護者に伝える
③ 言動の変容が見られた子どもを学級全体に紹介する
④ 子ども同士でお互いの成長を発見し合う場を設定する
⑤ 学級経営にとって特に重要な学びについては，定期的に振り返る場を設定する

　ここでは，ポイント①と②について述べる。

【ポイント①について】

　「小さな道徳授業」や1時間の道徳授業で活用した写真や挿絵を教室の目立つ所に期間限定で掲示する。

　「まごころこめておつきあい」であれば，右のような掲示物をつくることができる。問いかけの言葉を入れれば，学びを思い起こさせることにつながる。

　「仲間だから」なら，右のような掲示物をつくるとよい。仲間のために気づき，声をかけるなど行動している姿を掲示し，仲間とは友達の困り感に気づき，行動することだということを意識させていく。

図6-9　道徳授業で活用した教材をもとに作成した掲示物

　掲示物は，ポイント③④⑤と連動させて活用していくとよい。

【ポイント②について】

　学級通信で道徳授業での学びを子どもや保護者に伝える意味は，

学びが子どもの成長につながることを具体的に示すことによって，教師に対する信頼感が高まり，学級経営の充実につながる

ということである。

学級通信を書く視点は 2 つある。

> ① 道徳授業の様子を伝える
> ② 子どもたちの成長を伝える

　視点②の学級通信の例は，第 5 節で示した学級通信「どうぞ」№. 6（図6-5）を参照してほしい。ここでは，視点①の学級通信の例を挙げる（次ページの図 6-10）。

　この学級通信から，道徳授業を伝えるときに意識したいことを 2 つ学ぶことができる。

　1 つめは，「道徳授業の様子を具体的に示す」ということである。

　認識の変容が促された授業場面が，教師の発問や子どもの言葉でわかりやすく書かれている。授業の様子が目に浮かぶような記述から，子どもたちの学びが生き生きと伝わってくる。

　2 つめは，「子どもの学びを明確に示す」ということである。

　授業によって「ものを大切にする」ということについての新たな認識の変容が促されていることが，子どもの言葉や感想から伝わってくる。

　このような学級通信は，家庭で道徳授業が話題になるきっかけを生み出す。それが，子どもの学びの深まりや，道徳授業に対する保護者の理解の深まりにつながっていく。

10　「小さな道徳授業」と 1 時間の道徳授業の連動

　「小さな道徳授業」と 1 時間の道徳授業を連動させることによって，より高い効果を期待できる。連動させるポイントは次の 3 点である。

> ① 1 時間の道徳授業の導入に「小さな道徳授業」を位置づける
> ② 1 時間の道徳授業の終末に「小さな道徳授業」を位置づける
> ③ 1 時間の道徳授業を行った日の前後に「小さな道徳授業」を位置づける

□□□小学校
2年2組
学級通信

うさぎの
さし絵

どうぞ

No.32
2016. 9. 26

※思いやり「どうぞ」と感謝「ありがとう」の心を

☆ものを大切にするとは☆

- えんぴつやけしゴムは、小さくなったら家でつかいます。物の役目を意識して、ていねいにつかいます。
- わたしはたまにシューズをふんでいるので、これからはふまないようにします。
- これからは、えんぴつをかまないようにします。けしごむをちぎらないようにずっと大切につかいたいです。

授業後に集めた感想カードには、たくさんの反省が書かれていました。

金曜日の2時間目は、全学年が道徳の授業をするという「一斉道徳」が行われました。

2年生は、日頃の子どもたちの様子から「物を大事にするということはどういうことなのか」ということを考えさせる授業を行いました。

資料は「紙ひこうき」というお話を使いました。算数のノートの紙のお話です。持ち主のゆきおくんは、買ったばかりの算数のノートをていねい使っていました。しかし、学校で友達が紙ひこうきを飛ばしているのを見て、自分もやりたくなり、算数のノートをやぶって紙ひこうきを作り校舎から紙ひこうきを飛ばしたのです。とばされた紙ひこうきは・・・

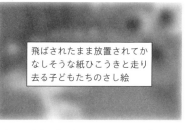

飛ばされたまま放置されてかなしそうな紙ひこうきと走り去る子どもたちのさし絵

この資料には、大切にしない使い方がたくさん描かれています。読み聞かせをしたあと、物語の最後を表すイラストを使って、紙ひこうきが泣いている理由を子どもたちに考えさせました。「ノートをやぶって紙ひこうきを作ったから」「作った紙ひこうきをおきざりにしたから」「落ちている紙ひこうきを拾わず踏みつけたから」子どもたちは、「これはダメだ」と思う行為を一生懸命考えました。

子どもたちは、一番よくないことは、ノートを破って紙ひこうきにしたことだと捉えていました。しかし、その行為がどうしてよくないことなのかということは、はっきりとしませんでした。

（折り紙でおった紙ひこうきを見せて）この紙ひこうきも、泣いていると思いますか

発問を聞いた子どもたちの表情が明るくなりました。

「折り紙で作った紙ひこうきは泣いていません。折り紙は折るためのものだからです。算数のノートで作られた紙ひこうきは、勉強のために使われていないから泣いていると思います」

物には作られた目的や役目があります。作られた目的や役目に沿った使い方がそのものを一番長持ちさせます。子どもたちの「ものを大切にする」という視点をまた一つ増やすことができました。

図6-10　学級通信例「どうぞ（No.32）」

　「まごころこめておつきあい」と「仲間だから」をもとに，効果的な連動について考えてみよう。

　ここではポイント②の視点で述べていく。「仲間だから」の終盤で次の発問をしている。

> 発問 「言える」に近づくために，あなたにできそうなことは何でしょうか。

　この発問のあと，次のように展開する。

　「自分にできそうなことを考えるヒントを発見しました」

と言って，トラックの写真を提示する。「まごころこめておつきあい」という言葉を音読させたあと発問する。

> 発問 ただの「おつきあい」と「まごころこめておつきあい」はどう違いますか。

　違いをたくさん出させて，「まごころこめておつきあい」のイメージが共有できたところで，発問する。

> 発問 仲間になるために「まごころこめておつきあい」をするなら，どんなおつきあいをしますか。

　このように，「小さな道徳授業」と1時間の道徳授業を連動させることによって，子どもたちの意識はさらに高まり，学級経営の充実に大きな効果を生む。

大学生の意識を変える

> 先生は正月休みのスタバで道徳で使えそうだな，という素材を見つけてきていて，それを聞いたときに，ほんとうに思いがけないふとしたところでも素敵な素材は転がっているのだなということを感じました。私ももっと視野を広げて生活したいと思いました。

これは，学部の 2 年生を対象とする道徳教育の授業で，「学びレポート」（毎回の授業後に提出させるレポート）に書かれたものである。

これまでも，身近なところから数多くの素材が発見できることなどを話したり，学生が発見した素材で「小さな道徳授業」プランを開発させたりしてきていた。しかし，そう簡単に身の回りの素材に対する意識が変わるものではない。

そこで，正月明けの授業の冒頭で，自宅近くのスターバックスで発見した素材の 1 つ（トイレのドアに表示されていた文字）を提示して話した。

- ・さりげない表示に気づくことができるかどうかは教師の感性にかかっている。
- ・「いいな」と感じたモノを子どもたちと共有したいという思いをもつことが道徳授業の基盤になる。
- ・「小さな道徳授業」をつくることで教師自身の認識が深まる。

教師自身が発見したさりげない素材を提示したからこそ，これらの言葉が説得力をもち，冒頭のような学びをした学生がいたのだろう。

わずか週 1 回の授業であっても，明確な教育哲学をもち，教師自身の姿で示すことが学生の意識を変える力になっていくのである。

第 **7** 章

保護者との
信頼関係を築く

1 信頼関係を築く土台

教師として意識したいこと

　右に示したのは，教師が「と
くに負担に感じる業務の上位」
のデータである。

　それによると，保護者への対
応が事務作業についで2位に
なっている。「保護者からの理
不尽なクレームに心が疲れる」
という教師の声も示されている。
このような状況に陥ってしまう
のを少しでも防ぐために重要な
のが，

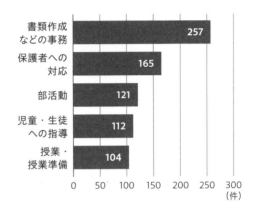

図 7-1　教師が「とくに負担と感じる
　　　　業務の上位」

出典：『週刊東洋経済』
　　　（2022年7月23日）より作成

> 保護者との信頼関係を築く

ということである。

　多くの保護者の信頼を得ることが，何かトラブルが発生
したときの大きな力になる。しかし，信頼関係を築くこと
は，簡単なことではない。

　ある中学校のトイレに右のような掲示物があった。信頼
関係の構築は，地道に積み重ねていくしかないが，信頼を
失うのはあっという間なのである。だからこそ，

> 保護者は，教師の一挙手一投足に注目している

信頼を積み重ねる一生
信頼を失う一瞬

写真 7-1
トイレの掲示物

という意識をもつようにしたい。

信頼感を高めるための連携

　保護者の信頼感を高めるために考えなければならないことは，信頼感を高めるための連携をどう生み出すかということである。そのためには，教師と子どもと保護者が連携を深める機会をしっかりと意識することが大切となる。

　教師と子どもの信頼関係は，日々の教育活動で培われる。そこで培われた信頼関係は，子どもの声や姿として保護者に伝わる。つまり，日々の教育活動の1つ1つが保護者との信頼関係を深めることにつながっているということである。

　子どもの声や姿で，自分の教育活動はどのように伝わっているのだろうか。

　たとえば，日々の授業のおもしろさが子どもの声で保護者に伝わっていれば，信頼感はかなり高まっていく。これは，子どもをとおした間接的な連携といえる。

　保護者と直接的に連携する機会としては，学級通信，参観日，行事などがある。

　学級通信は，直接会うわけではないが，子どもの成長や教育活動の意味について教師の考え方を直接伝えることができる貴重な連携の機会となる。

　参観日や行事は，保護者が

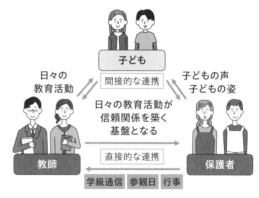

図7-2　信頼関係を築く

直接教育活動を見ることによって，子どもの成長を確認する貴重な機会となる。

　これらの直接的な連携の機会をどう生かすかが，保護者の信頼感を高めることにつながっていく。

参観日の意義をとらえる

- ・参観授業，感動の多い1日でした。もりだくさんの工夫，愛情，その中で○○が少しずつ自信を取り戻しつつある…。涙の多い母さんです。
- ・これが本当の勉強のあり方なのだと感心しました。全員が時間を無駄なく過ごし，自分のものにしていたように思います。緊張感の中，先生のユーモアのある言葉が調和して楽しい授業だったようです。
- ・子どもたちが主役の，生き生きとした気持ちのよい，これが学ぶということだろうという感を強くもちました。

(学級通信「ウオッチング No.19」5月8日より)

- ・△△の6年間の中で，今日の懇談ほど，たくさんのお母様たちが残られたのは初めてでした。
- ・小学校で伸ばしておきたい知・徳・体の三つの力，親が"ホ"がない（筆者注：宮崎の方言で「頼りない」「しっかりしていない」の意）ので，どれだけ伸ばしてやれるか全く自信がないけれど，昨日先生がおっしゃった会話をたくさんすること，あたたかく見守ること，このことをいつも頭の中において接していきたいと心から思いました。
- ・先生のお声を聞き，元気が出ました。明日からまた頑張ります。今までと違い，学級懇談も意義あるものでした。先生のおかげだと思います。これからは私も進んで意見を発表していきたいと思います。

(学級通信「Active No.15」5月31日より)

　これらは，参観日の授業や学級懇談会に寄せられた保護者の声の一部である。

　参観日を保護者がこのように受け止めてくれたら，信頼関係は確実に深まっていく。参観日でこのような手応えを感じてもらうためには，教師が参観日の意義をどのようにとらえているかが重要になる。

参観日の意義は，次の2つである。

> ① 子どもの姿を直接見てもらえる貴重な機会
> ② 学級経営力，授業力を示す絶好の機会

参観日は，「学級担任としての説明責任を果たす最大の機会」なのである。だから，参観日をどう活用するかが，保護者との信頼関係に大きく影響する。参観日を効果的に活用するための視点は，次の3つである。

> ① 学級通信の効果的な活用
> ② 保護者を巻き込む授業の工夫
> ③ 魅力的な学級懇談の演出

学級通信を効果的に活用する

右に示したのは，ある年の最初の参観日に関連して発行した学級通信である。学級通信で，参観日前，参観日当日，参観日後の3つのアプローチをしている。

次ページに示すのは，参観日前に発行した学級通信の例である。この学級通信から，参観日

図7-3　学級通信を効果的に活用する

前の保護者へのアプローチの3つのポイントが見えてくる。

> ① 参観日の意義を科学的な知見をもとに伝える
> ② 参観授業のポイントを魅力的に伝える
> ③ 学級懇談会に参加したくなるように伝える

【①について】

参観日が子どもの成長にとって重要な機会になることを，脳生理学の研究

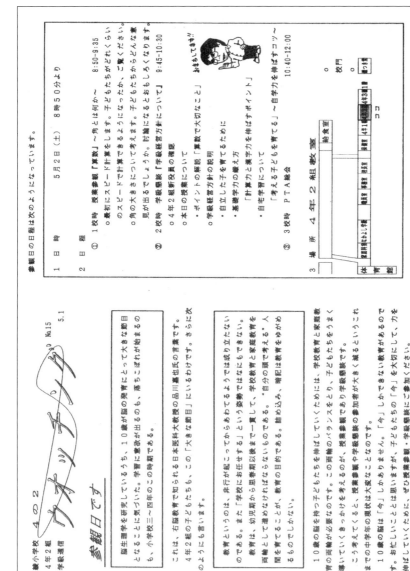

図7-4　学級通信例「ウォッチング (No.15)」

者の言葉を引用して伝えている。このように参観日の意義を保護者が納得で
きるような形で伝えることが，忙しい保護者の足を学校へ向かわせるきっか
けとなる。

【②について】

保護者が見てみたいと思えるような授業の予告をすることがポイントとな
る。スピード計算については，我が子がどれくらい速くできるようになった
のだろうという興味を高めている。授業についても討論になりそうであるこ
とを伝えることで，授業に対する関心を高めている。

【③について】

学級懇談に出席したいと思えるようなテーマを設定することがポイントと
なる。この通信では，我が子の成長につながる話を聞くことができそうだと
思ってもらえるような内容を提示している。

最も重要なポイントは，

出席してよかったと思ってもらえること

である。

学級通信に書いてあったことが，「確かにそのとおりだった」と納得して
もらえなかったとしたら，次回の参観日への期待感が低下するからである。

保護者を授業に巻き込む工夫をする

保護者を授業に巻き込むためのポイントは次の3点である。

---

① どの子も活躍できる授業を行う
② 授業を見る視点を示す
③ 保護者にも授業に参加してもらう

【①について】

保護者は，わが子の様子を見るために学校にやってくる。だからこそ，ど
の子も活躍できる授業を行うことが重要になる。そのような授業を見てもら

うためには，日々の授業の充実が基盤となる。参観日だけ活躍できる子どもはいないからである。

【②について】

　保護者は授業をどのように見ればいいのかわからない。そこで，大切になるのが「授業を見る視点を示す」ということである。授業の意図を理解してもらい，わが子の成長を実感してもらうために準備したのが，右ページの資料である。

【③について】

　授業のおもしろさは，参加してこそ実感してもらうことができる。そのためには，保護者全員に教室に入ってもらうように促す。教室に入ってもらうことによって授業に集中せざるを得なくなるからである。

　教室に入ってもらったら，授業に参加してもらえる工夫をする。たとえば，授業参観資料に示した次のような問題を子どもたちに考えさせるとき，保護者にも「ある」「ない」「わからない」の中から選んでもらい，挙手してもらうのである。

> ２拍子と３拍子を，２つのグループに分かれて同時にたたいていきます。すると「パッ」と音がそろうところがあるでしょうか。

　場合によっては，保護者から意見を発表してもらうこともある（発表を促してみると誰かが応えてくれるものである）。

　子どもと同じ立場で考えてもらうことにより，授業っておもしろいということが実感できるのである。

　授業参観のあと，子どもたちに次のように言った保護者がいたことを鮮明に覚えている。

どの子も活躍できる授業を行う

日々の授業の充実が基盤
※参観日の授業がつまらなければ，
　日々の授業は，かなりひどい

授業を見る視点を示す

授業の意図を理解してもらう
子どもの成長を実感してもらう

保護者を参加させる

授業のおもしろさを体感してもらう
※保護者にもおもしろい授業であれば，かなり
　質が高い

図7-5　参観授業の工夫

算数 5年2組　授 業 参 観 資 料　　9.13

今回は、算数の授業で差が大きくなり、算数嫌いも増えてくる学年なので、できるだけ「わかる」「楽しく」算数の授業を心がけていきたい。授業の内容は、「整理」という単元の中の

[倍数の意味を知る]

ところである。
以下、授業の流れを示しておくので、子どもの様子を評価していただきたい。（よい…◎　まあまあ…○　もう一歩…△）

1 リズム打ちをする
まず、みんなで2拍子と3拍子のリズム打ちをする。授業の中に動作を入れることは、楽しくするための第1歩である。
2拍子…トン、パ、トン、パ
3拍子…トントン、パ、トントン、パ
楽リズムに合わせて楽しくできたか……（　　）

2 リズムのよさろのよさがあるか考える
問題をノートに書いて考える。

2拍子と3拍子を、2つのグループに分かれて同時にたたいていきます。すると「パッ」と音がそろうところがあるでしょうか。

楽問題を教師と同時にノートに書けたか……（　　）
楽予想を理由をノートに書けたか……（　　）
問題を正しく速く視写する力は大切な基本である。いつも「先生と同時に書き終わるようにね」と言ってできさせている。どうだろうか。また、自分なりの予想と理由を書くことは、思考力を伸ばすための大切な力である。
・ある……　　人
・わからない……　　人
「ない」派から意見を発表させ、その後「ある」派の意見を発表させる。
楽自分の意見を発表しようとしたか……（　　）

3 2つのグループに分かれてリズム打ちをする
学級を2拍子と3拍子の2つのグループに分けて同時に「トン」からリズム打ちを始める。同じにリズム打ちをまとめてリズムよくとることが大切である。
楽真剣にリズム打ちを組んでいるか……（　　）
6番目でリズムが合うことを確認する。

4 リズムの合うところを発見する

[この調子ですっと続けていくと、「パッ」という音はどこで合っていくでしょうか。]

算数ではヒラメキも大切である。先を見通しての学習が楽しい。
楽パッとヒラメイて手を挙げたか……（　　）
（6、12、18、24、30…）

[これらの数はどんな仲間になっていますか]

ここが今日の授業のポイント、倍数の意味をまとめるところである。
6という数字を2つかけて意見が出せるかどうかが大切なところである。
楽6に着目した意見を出したか……（　　）

5 学習したことのまとめをする
最後にもう一度2つのグループに分かれてリズム打ちを行い、6の倍数で「パッ」と音がそろうようになっていることを確かめる。このように自分の体を通して学習したことを身に付けていくことが楽しく「分かる」学習となって終わる。
楽授業の感想をノートに書けた……（　　）
楽楽しくリズム打ちをやられたか……（　　）
楽授業に親しむ経験を増やしていきたい

◇子どもたちの評価…◎は3点、○は2点、△は1点として得点を出す。

| 得点 | □ |

○23点以上…意欲的で数学的な思考力が伸びている
○18~21点…数学的な思考力が付きつつある
○17点以下…数字に親しむ活動を一生懸命心て書きたい

図 7-6　授業参観資料例

> おばちゃんも，この学級で机を並べて一緒に勉強したい！

　このような手応えを感じてもらうことにより，教師への信頼感が高まるのである。

魅力的な学級懇談会を演出する

　魅力的な学級懇談にするために重要なのは，

> 出席してよかったと思える学びを提供する

ことである。
　ポイントは次の2点である。

> ① ワンポイントアドバイスを設定する
> ② とっておきの資料を提供する

> 出席してよかったと思える学びを提供する
>
> ワンポイント　　　　とっておきの資料
> アドバイスを設定する　を提供する
> （10分間のミニ授業）
> 【テーマの例】
> やる気を引き出すポイント　　　書籍
> 学力の基礎・基本を　　　　　　雑誌
> 定着させるにはどうすればよいか
> 子どもの健康と生活のリズム　　新聞
>
> 日ごろの情報収集が大切

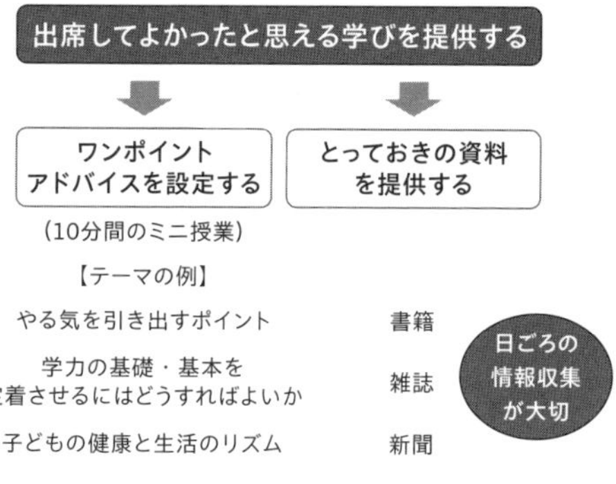

図7-7　学級懇談の工夫

【①について】
　保護者に「なるほど」と思ってもらえるような話をすることが教師に対する信頼感を高める。保護者向けの10分間のミニ授業だという意識で魅力的な話を構成したい。

【②について】
　とっておきの資料とは，保護者へのお土産である。出席したおかげで，子育てに役に立つよい資料をもらうことができたと感じてもらうことがポイントである。そのような資料を準備するためには，日ごろから書籍や雑誌，新聞などから幅広く情報を収集しておくことが大切である。

　以上のポイントを踏まえ，毎回の参観日で準備したのが，右ページのような学級懇談資料である。

4年2組　学級懇談会資料　No.1　　　　5.31㈭

1. 会　順
(1) はじめの言葉 .... 学級担任
(2) 算数の授業について .... 学級担任
(3) 参観日年間計画について .... 学級担任
(4) 懇談テーマ「やる気の上手な引き出し方・育て方」 ─ 学級担任
　① わりばしげーむ ～どうすればやる気を引き出せるか～ 学級担任
　② やる気を引き出す我が家の工夫 .... 全員
(5) その他係からの連絡 .... 係
(6) おわりの言葉 .... 学級担任

2. 「やる気の上手な引き出し方・育て方」
(1) ワンポイント・アドバイス

　　どうすればやる気を引き出せるか

　懇談では、毎回「ワンポイント・アドバイス」を10分～15分話します。この話は懇談に限られた方でないと聞くことができませんし、どんな話が飛び出すかは、その場になってみないと、私自身にもわかりません。

① やる気を引き出す言葉かけとは？

　家での手伝いをほとんどしない子がいる。そのことがケーキ作りに興味を持ち、チーズケーキをお母さんと一緒に作った。普段はやる気がないのに、この時はがんばっておいしいケーキができた。ほとんど手伝いをしない子のゆえに、お母さんは喜んだ。

　あなただったら、このチーズケーキを作った子にどんな言葉かけをしますか？

② やる気を引き出すポイントは何か？
○緑の関係のほめる態度から慢の関係の感謝する態度へ

○その子なりの進歩を自覚させる…努力が報われることの実感を

③ やる気チェックテスト
○あなたのかかわり方は大丈夫？

(2) やる気を引き出す我が家の工夫
　親であれば、何とかして子どもたちのやる気を引き出したいと考えておられるはず。我が家の小さな体験談を出し合いましょう。
① 子どもたちはどんな時にやる気を出しましたか。
② 子どもたちはどんな時にやる気をなくしましたか。
③ やる気を引き出すために工夫していることは何ですか。

3. その他係からの連絡

図7-8　学級懇談会資料例

参観日のあとを生かす

参観日を効果的に活用するのであれば，参観日が終わったあとをしっかり生かすようにしたい。先に述べた参観日と連動させた学級通信の活用では，参観日のあとに次の3枚の学級通信を発行している。

A　学級通信ウオッチング (No. 17)「どっちが大きいか①」
B　学級通信ウオッチング (No. 18)「どっちが大きいか②」
C　学級通信ウオッチング (No. 19)「授業の印象は」

Aでは，参観授業の様子を子どもたちの発言等を交えて具体的に伝えている。

Bでは，子どもたちがどのような学びをしたかを子どもたちの書いた文章で伝えている。

Cでは，保護者から寄せられた授業の感想を伝えている。

このように授業の様子，子どもの学び，授業を参観した保護者の声を伝えることにより，今回出席できなかった保護者に，次回は出席してみたいと感じてもらうのである。

参観日前
①保護者の期待感を高める
②子どもから保護者へ呼びかける

参観日当日
①子どもと保護者が感動する授業を行う
②保護者の学びを促す懇談を行う

参観日後
①授業のおもしろさを伝える
②参加した保護者の声を波及させる

図7-9　学級通信を活用するポイント

図7-9に示したのは，参観日における学級通信活用のポイントである。

以上のような工夫をすることにより，教育哲学が，子どもや教師の姿をとおして，保護者に伝わっていくのである。

生き方に影響を与える教育哲学

ある日，次のようなメールが届いた。

> 私は，今東京に住んでおり，大学を卒業してから社長秘書をして，26歳で独立しました。
>
> いろいろな環境に恵まれ，ここまで生かさせていただき，30歳ごろから自分自身のルーツを考えるようになりました。
>
> やはり子どものころの環境や先生が，人生を生きていくうえでとっても重要だとわかり……自分の発想力や想像力の根源を掘り下げて考えるにつれて，先生の影響力の偉大さを実感しました。
>
> 鈴木先生の課題や授業の取り組みは，子どもながら印象的で今でも忘れません。

30年近く前の教え子から届いた突然のメールである。当時，私は30代半ば，教え子は小学4年生である。

2022年の夏，東京でその教え子と再会した。

おいしい中華料理の店を予約してくれていたのだが，料理のおいしさを味わうのも忘れて3時間以上話し込んだ。私がすっかり忘れているような場面まで，鮮明に覚えているようだった。

こんな教え子との再会があるのだと，信じられない思いだった。彼女は，独立起業してさまざまな事業に挑戦している。

日本を元気にしたいのだという。

きらきらとした目で夢を語る彼女のルーツに，小学校のときの私の教育があるのだとしたら，これほど教師冥利に尽きることはない。

教育哲学は，何年もの時を経て，子どもの心の奥深いところに生き続けるのである。

[著者紹介]

鈴木健二 (すずき　けんじ)

愛知教育大学大学院教育学研究科特別教授

宮崎県で公立小学校教諭, 指導主事, 校長等を経て, 現職。大学院では, 道徳教育, 学級経営等を担当し, 質の高い授業づくりの実践的研究を進めている。子どもが考えたくなる, 実践したくなる道徳授業づくりに定評があり, 全国各地の教育委員会や小中学校に招かれて, 講演会等を行っている。主な研究テーマは,「認識の変容を促す道徳授業の開発」「子どもを育てる学級経営」「授業に生かす教科書研究」「信頼性を高める学校経営」など。

2019 年 4 月に立ち上げた「新しい道徳授業づくり研究会 (SDK)」では, 全国の小中学校教師とともに子どもの認識の変容を促す道徳授業づくりに取り組んでいる。その成果は, 下記の SDK ホームページや「小さな道徳教材集」サイト, 機関誌『談論風発』(教育出版),『小さな道徳授業』シリーズ (日本標準) などをとおして幅広く発信している。

主著に,『社会科指導案づくりの上達法』『ノンフィクションの授業』『授業総合診療医 ドクター鈴木の新人教師の授業診断』(以上, 明治図書),『道徳授業をおもしろくする!』(教育出版),『道徳授業づくり上達 10 の技法』『教師力を高める』『必ず成功する! 新展開の道徳授業』『思考のスイッチを入れる 授業の基礎・基本』『新しい道徳授業の基礎・基本』『中学校道徳 ワンランク上の教科書活用術』『5 分でできる 小さな道徳授業』(1, 2) (以上, 日本標準) など。そのほか, 編著書, 雑誌論文等多数。

メールアドレス: kenchan4172@gmail.com

新しい道徳授業づくり研究会 (SDK) ホームページ
http://sdk-aichi-since2019.com/

学級づくりは教育哲学で決まる

2023 年 4 月 10 日　第 1 刷発行

著　者———鈴木健二

発行者———河野晋三

発行所———株式会社 日本標準
　　　　　　〒350-1221　埼玉県日高市下大谷沢 91-5
　　　　　　電話 04-2935-4671
　　　　　　FAX 050-3737-8750
　　　　　　URL https://www.nipponhyojun.co.jp/

印刷・製本——株式会社 リーブルテック